CATALOGUE

D'UNE BELLE COLLECTION

D'ESTAMPES

ANCIENNES

PRINCIPALEMENT

Des Écoles Italienne, Française et Hollandaise

LIVRES A FIGURES, LITHOGRAPHIES

COMPOSANT LA COLLECTION

De feu M. le Docteur PONS, d'Aix

DONT LA VENTE AURA LIEU

HOTEL DROUOT, SALLE N° 4

AU PREMIER ÉTAGE

Les Lundi 25 Mars 1872 et les 4 jours suivants

A UNE HEURE PRÉCISE

Par le ministère de Me **DELBERGUE-CORMONT**, Comm^{re}-Priseur,
ruc de Provence, 8,
Assisté de **M. CLEMENT**, M^d d'Estampes de la Bibliothèque Nationale,
rue des Saints-Pères, 3.

EXPOSITION PUBLIQUE

Le Dimanche 24 Mars 1872, de 1 heure à 5 heures.

PARIS — 1872

CONDITIONS DE LA VENTE

Elle sera faite expressément au comptant.

Les Adjudicataires paieront, en sus des enchères, CINQ POUR CENT applicables aux frais.

L'Expert chargé de la vente se réserve la faculté de rassembler ou de diviser les lots.

ORDRE DES VACATIONS

Lundi	25 Mars	....	n^{os}	1	à	260
Mardi	26 »	....		261	à	520
Mercredi 27	»	....		521	à	776
Jeudi	28 »	....		777	à	1050
Vendredi 29	»	....		1051	à	la fin.

DÉSIGNATION

DES

ESTAMPES

ABRY (Louis)

1 — Armoiries d'une abbesse. Pièce non décrite par
Bartsch.
>Très-belle épreuve.

ALBERTI (Ch.)

2 — La Sainte Vierge assise sur des nues (B. 27). — La
Sainte Vierge dans un paysage (B. 29). — La Sainte
Vierge dans une niche (B. 34). 3 pièces.
>Très-belles épreuves.

ALDEGREVER (H.)

3 — La Charité (B. 122).
>Très-belle épreuve.

4. — Montant d'ornements, où l'on voit au bas deux
sphinx. 1552 (B. 286).
>Très-belle épreuve.

ALIAMET (J.)

5 — L'Education du jeune Savoyard, d'ap. Greuze.
>Superbe épreuve.

ALIX (J.-J.)

6 — Portrait du pape Alexandre VII (B. D. 3).
>Très-belle épreuve.

ALLEGRAIN (E.)

7 — Paysage (R. D. 1). 2 ép., dont une d'un 1er état non décrit avec le socle en blanc. Paysages (R. D. 5-7). — Tombeau de Virgile, gravé par Adelaïde Allou. 5 pièces.

ALVINENT (E.-L.)

8 — Le Joueur de flûte. — Paysanne gardant un troupeau. — Paysage. 3 pièces.
Très-belles épreuves.

AMAND (J.-F.)

9 — La Leçon interrompue P. de B. 2).
Très-belle épreuve.

AMATO (F.)

10 — Sainte Famille (B. 1). — Saint Joseph (B. 2). — Saint Jérôme (3). — Saint Chistophe (4). 1er état. 4 pièces.
Très-belles épreuves.

AMERIGHI (Michel-Ange), dit de CARRAVAGE

11 — Le Reniement de saint Pierre.
Superbe épreuve. Rare.

AMICONI (J.)

12 — Jupiter et Calisto (B. 3).
Très-belle épreuve.

ANDREANI (A.)

13 — L'Enlèvement d'une Sabine, d'ap. J. de Bologne (B. t. 12. P. 94).
Très-belle épreuve.

ANDROUET-DUCERCEAU (J.)

14 — Des Hommes et des Femmes fuyant d'une ville enflammée, d'ap. le Rosso. Cette pièce a été décrite par R. Dumesnil dans son catalogue de vente (26 mars 1862).

Superbe épreuve. Rare.

15 — Les petites Arabesques. 34 pièces.

Superbes épreuves.

16 — Un Cartouche blanc au milieu d'une décoration architecturale. — Panneau d'ornements avec un carré blanc. — Panneaux d'ornements symétriques offrant dans leur milieu un vide blanc en forme de carré. — Vues de ruines. 5 pièces.

Très-belles épreuves.

17 — Statue de femme finissant en gaîne, sur une planche de forme ovale allongée ; en bas à droite se voit le chiffre 1.

Très-belle épreuve.

ANESI (P.)

18 — Paysages. 2 pièces à l'eau-forte.

Très-belles épreuves.

ANGELI (J.-B.), surnommé TORBIDO DEL MORO

19 — La Sibylle tiburtine (B. 3).

Superbe épreuve d'un 1er état non décrit avant l'adresse : Apud Camocium, au milieu d'en bas.

20 — La sainte Vierge (B. 6). — Le Bain du petit Jésus (B. 10). 2 pièces.

Très-belles épreuves.

21 — Romulus et Rémus, d'ap. J. Romain (B. 29). 2 épreuves dont une du 1er état, avant les lettres B. M. sur l'une des pierres à gauche.

Très-belles épreuves.

ANGELI (J.-B.), surnommé TORBIDO DEL MORO

22 — Saint Jérôme. — Le grand arbre. — Paysage où l'on voit un berger assis. 3 pièces non décrites par Bartsch.
Très-belles épreuves.

ANONYMES ITALIENS

23 — La Coupe de Pharaon trouvée dans le sac de Benjamin. Copie de l'estampe de Bonasone.
Très-belle épreuve.

24 — La Vierge regardant l'enfant Jésus qu'elle allaite de son sein droit. A droite saint Joseph appuyé sur un bâton, à gauche saint Jean-Baptiste debout, vu de profil, regarde l'Enfant Jésus. Très-belle estampe.
Superbe épreuve.

25 — La sainte Famille avec sainte Anne et saint Jean, d'après le Parmesan. Très-belle pièce.
Superbe épreuve.

26 — Saint Sébastien attaché à un arbre; vers le bas, à droite, sur une pierre, les initiales L. P.
Superbe épreuve.

27 — Bataille; elle occupe tout le champ de l'estampe, marquée en bas des initiales A. B.
Superbe épreuve.

28 — Tarquin et Lucrèce. Très-belle estampe gravée au burin.
Superbe épreuve.

29 — 11 pièces d'après différents maîtres de l'École de Marc Antoine et autres.
Très-belles épreuves.

30 — Sujets divers gravés à l'eau-forte. 10 pièces.
Très-belles épreuves.

31 — Sujets religieux, mythologiques et Paysages. 10 pièces.
Très-belles épreuves.

ANONYMES ITALIENS

32 — Saintes Familles. 3 pièces.
Très-belles épreuves.

33 — Ornement au milieu duquel se voit une figure de femme.
Très-belle épreuve.

ANONYMES FRANÇAIS

34 — La Vierge assise tient dans ses bras l'Enfant Jésus qui se penche vers sainte Catherine et lui donne sa main gauche à baiser.
Très-belle épreuve.

35 — Figure d'Alexandre entrant dans Babylone, pièce gravée en manière noire, etc. 4 pièces.

36 — Marie Stuart, reine de France et d'Écosse.
Très-belle épreuve avant toutes lettres.

37 — Portrait de Barnave avec une tête à double face, l'une pour la cour l'autre pour le peuple.

38 — Ovale d'ornements gravé en blanc sur fond noir.

39 — Des soldats arrachant des religieuses à leur couvent. — Le Calvaire. 2 pièces.
Très-belles épreuves.

40 — Paysage traversé par une rivière, pièce gravée à l'eau-forte.
Très-belle épreuve.

41 — Titre de livre, avec entourage, gravé sur bois.
Très-belle épreuve.

42 — Titres de livres gravés sur bois, Vignettes et autres. 13 pièces.

43 — Frises, Arcs-de-triomphes. — Cariatides et Lambris pour appartements. 10 pièces.

44 — Sujets religieux et autres gravés à l'eau-forte. 16 pièces.

ANONYMES FRANÇAIS

45 — Paysages gravés à l'eau-forte. 9 pièces.

ANONYME HOLLANDAIS

46 — Une jeune femme préférant l'amour d'un homme de son âge aux richesses qu'un vieillard amoureux d'elle lui offre. — Le pendant de cette estampe. 2 pièces d'après Goltzius.

47 — Paysages et marines. 4 pièces.
Très-belles épreuves.

ANONYME ESPAGNOL

48 — La Descente de Croix, d'après le tableau du Corrége qui est à Parme. Brulliot, 3e partie, n° 395.
Très-belle épreuve.

AQUILA (P.)

49 — Deux enfants dans un paysage. — Fuite en Égypte. — Saint Jérôme. 3 pièces.
Très-belles épreuves.

ARNOULT (N.)

50 — Femme de qualité en habit d'été, d'étoffe siamoise.
Très-belle épreuve.

ASPAR

51 — Un Général entouré de quelques-uns de ses soldats, tous en costume de guerriers antiques, semble faire grâce à des vaincus qu'implorent sa pitié.
Très-belle épreuve.

AUDRAN (G.)

52 — Le Mariage de la Vierge (R. D. 7). — Le révérend Père Benoît Langeois, capucin (R. D. 70). 2 pièces.
Très-belles épreuves.

AUDRAN (G.)

53 — Narcisse métamorphosé en fleur qui porte son nom, d'après N. Poussin (R. D. 39).
Superbe épreuve.

54 — La Tête d'un sultan tranchée par une femme. — Le Rêve de la vie humaine, d'après Ch. Lebrun (R. D. 48). — Acis et Galathée, d'après F. Marot, par B. Audran. 3 pièces.
Très-belles épreuves.

55 — Portrait de Clément X, d'après Cyro Ferri (R. D. 65).
Superbe épreuve du 1er état avant toute lettre et avant le portrait de Clément X dans le médaillon ovale.

BACLER-D'ALBE (Baron L.-A.-G. de)

56 — Deux Paysages gravés à l'eau-forte.
Très-belles épreuves.

BADALOCCHIO (Sixte Rosa, dit)

57 — La Bible, peinte par Raphaël, suite de 54 estampes, dont 31 gravées par J. Lanfranc.
Très-belles épreuves d'un 1er état non décrit, avant les mots Giovanni Orlandi à la suite de In Roma appresso, etc.

58 — La Sainte Famille, d'après Schidone (B. 25).
Très-belle épreuve.

BAILLY (Jacques)

59 — Diverses Fleurs mises en bouquets, dessinées et gravées par J. Bailly (R. D. 1, 2, 3, 4, 7, 10 et 11), plus une fleur, par Batiste. 9 pièces.
Très-belles épreuves.

BALDI (L.)

60 — Le Couronnement d'épines, pièce non décrite. — La Conversion de Saint Paul (B. 1). 2 pièces.
Superbes épreuves.

BALECHOU (J.-J.)

61 — Portrait de Voltaire, d'après J.-M. Liotard.

Superbe et très-rare épreuve avec l'inscription et les noms d'artistes gravés à la pointe.

62 — Portrait de don Philippe, infant d'Espagne, d'a-
près L.-R. Vialy.

Très-belle épreuve.

63 — Portrait de P.-J.-L. de Gaillard, baron de Long-
jumeau, d'après J.-B. Vanloo.

Très-belle épreuve.

64 — Montant d'ornements.

Très-belle épreuve.

BALESTRA (A.)

65 — La Sainte Vierge (B. 1). Deux épreuves dont une
superbe. — Les deux guerriers (B. 3). 3 pièces.

BALTABD (L.-P.)

66 — Le Triomphe de l'empereur Napoléon Ier, d'après
Regnault.

Très-belles épreuves.

BARBIERE (D. del)

67 — Groupe de plusieurs Saints, tirés du Jugement
universel, d'après M.-Ange (B. 2). — Deux hommes
écorchés (B. 8). 2 pièces.

Très-belles épreuves.

BARBIERI (Francesco), dit le GUERCHIN

68 — Saint Antoine de Padoue (B. 1). — Un homme et
une femme qui se battent (B. 4), des pièces dou-
teuses.

Très-belles épreuves. La première porte au verso la signature de
P. Mariette, 1664.

BAROZIO (Frédéric)

69 — L'Annonciation (B. 1).
  Magnifique épreuve, elle porte la signature de P. Mariette, 1666.

70 — Saint François stigmatisé (B. 3).
  Très-belle épreuve.

71 — Saint François dans la chapelle (B. 4).
  Superbe épreuve, elle porte au verso la signature de P. Mariette, 1661.

BARRAS (S.)

GRAVEUR EN MANIÈRE NOIRE

72 — Sainte Famille, d'après le Parmesan. — La Sainte Vierge tenant sur ses genoux l'Enfant Jésus. 2 pièces non décrites par R. Dumesnil.
  Très-belles épreuves.

73 — Saint Sébastien (R. D. 22). — Sainte Agathe (R. D. 11). — Sainte Catherine (R. D. 9). 3 pièces.
  Très-belles épreuves.

74 — Buste de la Vierge. — La Sainte Vierge et l'Enfant Jésus. — Le Massacre des Innocents. 3 pièces non décrites par R. Dumesnil.
  Très-belles épreuves.

BARRIERE (D.)

75 — Vue de la cour intérieure d'un palais (R. D. 53)· Vue de la façade de la fontaine du mont Parnasse (R. D. 154). 2 pièces.
  Très-belles épreuves.

BARTHE (A.-G. DE LA)

76 — Les Muletiers d'Italie, d'après J. Both. Deux épreuves, dont une du 1ᵉʳ état, avant la lettre.
  Très-belles épreuves.

BARTOLI (P.-Santi)

77 — Saint Jean dans l'île de Pathmos. — Saint Bernard enchaînant le diable. — Représentation de l'emblème et de la devise du pape Clément VII. — Saint Luc sur des nuages écrit son Évangile. 4 pièces.
Très-belles épreuves.

BARTOLOZZI

78 — Paysage avec des pêcheurs sur le devant, épreuve avant la lettre. — Une Bacchante. — Angélique et Médor, avant la lettre. 3 pièces.

BASSANI (C.)

79 — Portrait de J.-P. Bimius, jurisconsulte de Milan.
Très-belle épreuve.

BAUDUINS (A.)

80 — Paysage: des Bergers gardant leurs troupeaux. — La Fontaine au sommet de l'escalier, par Van Blœmen. 2 pièces.
Très-belles épreuves.

BAZICHALUVA (Ercolo)

81 — Les Marines (Meaume œuvre de Callot 1381-1382). 2 pièces.
Superbes épreuves.

BEATRIZET (N.)

82 — Caïn tuant son frère Abel (B. 8).
Très-belle épreuve avant l'adresse de Salamanca.

83 — La statue de Marc Aurèle.
Très-belle épreuve du 1er état.

BECCAFUMI (D.-P.)

84 — Un Homme nu debout et un autre couché (Pass. 4).
Très-belle épreuve.

BÉCHON DE ROCHEBRUNE (J.)

85 — Paysage non décrit par R. D. Deux épreuves dont une avant la lettre. — Autre Paysage (R. D. 2). Plus deux pièces par Baür. Cinq pièces.
Très-belles épreuves.

BEGA (C.)

86 — La Vieille tenant un grand pot (B. 12). — La Mère au cabaret (B. 31). 2 pièces.
Très-belles épreuves.

87 — La Mère au cabaret (B. 31).
Superbe épreuve du 1er état.

88 — La jeune Aubergiste (B. 33). Trois épreuves. La 1re superbe est du 2e état avant l'adresse de J. Covens et Mortier, la seconde avec cette adresse et la troisième, l'adresse effacée.

89 — Le Cabaret (B. 35).
Superbe épreuve du 1er état, avant l'adresse de J. Covens et Mortier.

BEHAM (H.-S.)

90 — Léda 1548 (B. 142).
Très-belle épreuve.

91 — Pièce de la suite des Noces de village (B. 158).
Très-belle épreuve.

BEICH

92 — Points de vue de sites agrestes, pris dans le Tyrol. Suite de 6 pièces.
Premières épreuves, on n'y voit de n°s qu'aux 2e, 3e et 4e morceaux.

BEISSON (J.-F.-E.)

93 — Portraits de Camille Desmoulins. — Voltaire. — Pièce tirée de Boileau, avant et avec la lettre. 4 pièces. Très-belles épreuves.

BELLA (Stef. Della)

94 — Saint Prosper, évêque, descendant du ciel.
Superbe épreuve du 1er état, avant les armes et la dédicace au milieu de la marge d'en bas.

95 — La même estampe, même état.

96 — Montjoye Saint-Denis, roi d'armes de France.
Très-belle épreuve.

97 — Caprice fait par della Bella et mis en lumière par Israël, avec privilége du roi. Suite de 13 pièces, compris le titre.
Très-belles épreuves.

98 — Départ de Jacob de chez Laban. — Le Manége. — Marines. 8 pièces.
Très-belles épreuves.

99 — Lucrèce. — La Vierge assise, allaitant l'Enfant Jésus. 2 pièces.
Très-belles épreuves.

BELLANGE (J.)

100 — Combat des deux gueux (R. D. 46). — Les trois Marie au tombeau (9). — Le Christ mort (8). 3 pièces.
Très-belles épreuves.

BELLANGER (J.-A.)

100 bis. — Saint Paul prêchant dans Athènes. 2 épreuves dont une à l'eau-forte.

BELLAVIA (M. A.)

101 — Un Fleuve assis sur son urne (B. 50).
Très-belle épreuve du 1er état.

BELLAY

102 — Tombereau attelé de deux chevaux. — Le Muletier. 3 pièces dont une double, du 1ᵉʳ état, avec les angles du cuivre aigus.

BERAIN (J.)

103 — Panneau d'ornement.

BERARDI (F.)

104 — Six vues de Venise, d'après Antonio Canale. 2 de ces pièces sont gravées par Wagner qui est l'éditeur de la suite.

Très-belles épreuves.

BERGERET (P.-N.)

105 — Femme faisant lire un enfant, d'après Raphaël. — Saint, d'après Callot, par Bermout. — La vision d'Attila, d'après Raphaël, par S. Bernard (R. D. 4), 1ᵉʳ état.

Trois pièces. Très-belles épreuves.

BERGHEM (Nicolas)

106 — La Vache qui pisse (B. 3).

Superbe épreuve du 2ᵉ état, avant l'adresse de de Witt; elle a d la marge.

107 — Le Troupeau traversant le ruisseau (B. 9). — Le Ruisseau traversé. (B. 12). — Halte près du cabaret (B. 11). 3 pièces.

Très-belles épreuves du 3ᵉ état.

BERLINGHIERI (C.)

108 — Paysage (R. 3). — Marine, pièce non décrite. 2 pièces.

Très-belles épreuves.

BERNARD (L.)

GRAVEUR EN MANIÈRE NOIRE

109 — La Vierge au Lapin blanc, d'après Corrège.
Très-belle épreuve.

BIARD (PIERRE), le fils

110 — Pièce allégorique sur la statuaire (R. D. 8).
Très-belle épreuve du 1er état, avant l'adresse de F. Langlois, dit Ciartres.

111 — Vénus jalouse de Psyché, excitant l'Amour à venger son injure, d'après J. Romain (R. D. 20). — Vénus servie par les Amours (R. D. 21). 2 pièces.
Très-belles épreuves.

BIDAULD (J.-P.-X.)

112 — Challier dans sa prison (P. de B. 3). — Paysage à l'eau-forte, non décrit, plus 2 pièces par D. Bertaux. 4 pièces.

BIGNON et autres

113 — Bas-reliefs. — Paysages. — Sujets d'Amours, etc. 8 pièces.

BILLY (F. de)

114 — Le petit Berger. — Enfant couché et gardant des moutons. 2 pièces.
Très-belles épreuves.

BISCAINO (B.)

115 — Hérodiade (B. 12). — Sainte Famille (B. 18). 2 pièces.
Très-belles épreuves.

116 — La Vierge allaitant l'Enfant-Jésus (B. 21).
Superbe épreuve d'un 1er état non décrit avant le n° 251 sur le terrain au-dessous du pied de la Vierge.

BISCAINO (B.)

117 — Saint Jérôme (B. 34). 1ᵉʳ état avant le nom de
G. Reni. — Galathée (B. 40). 2 pièces.
Superbes épreuves.

BISI (Frère **BONAVENTURE**)

118 — La Sainte Famille, très-belle pièce ; en hauteur,
marquée F. B. B. F. 1634.
Superbe épreuve.

BLANCHARD (J.)

119 — La Sainte Famille ; Saint Joseph présente à l'Enfant Jésus une écuelle de soupe.
Très-belle épreuve.

BLANCHET (Thomas)

120 — Dix Anges en l'air présentent à la ville de Lyon
5 écussons d'armes (R. D. 1).
Très-belle épreuve.

BLEKER (G.)

121 — Le Chariot à 4 roues (B. 10). — Le Chariot à
2 roues (B. 11). — Le Cabriolet (B. 12). 3 pièces.
Superbes épreuves.

BLERY (Eugène-Stanislas-Alexandre)

122 — Études dessinées et gravées d'après nature, for-
mant une suite de 10 pièces.
Superbes épreuves sur papier de Chine non fixé, du 3ᵉ état avec
le nom et l'année 1840.

BLEY (A.)

123 — Feuille de 9 études de têtes d'hommes d'âges
différents.
Superbe épreuve tirée avant que deux traits échappés à droite,
l'un sur le fond devant un vieillard à barbe, et l'autre sur le nez
d'un homme vu de profil, n'aient été effacés.

BLŒMÆRT (C.)

124 — Titres de livres. 2 pièces.
Très-belles épreuves.

BLONDEL (F.)

125 — Décorations pour cheminées, portes, panneaux, etc. 6 pièces.
Très-belles épreuves.

BOISSENS (C.-Th.)

126 — Sujet emblématique sur la paix et sur la guerre. etc. 3 pièces.
Très-belles épreuves.

BOISSIEU (J.-J. de)

127 — Portrait de J.-J. de Boissieu, tenant à la main un dessin.
Superbe épreuve avant que le portrait de la femme du graveur n'ait été effacé et remplacé par un paysage. Dans la marge du bas, dédicace et signature de l'auteur à M. de La Goy.

128 — Les petits Charlatans (22).
Très-belle épreuve, avant l'astérisque à la suite de l'année 1773.

129 — Vue du pont et du château de Ste-Colombe, en Dauphiné.
Superbe épreuve du 1er état avant que les morsures des étaux, à gauche et à droite des marges de la planche, n'aient été effacées; elle est sur papier de Chine.

130 — Entrée du village de Lantilly; charmant paysage, connu sous le nom des Petits-Maçons (38).
Très-belle épreuve du 2e état avec un seul titre; sur papier de Chine.

131 — Vue de l'Arbresle, en Lyonnais (R. 40).
Très-belle épreuve tirée avant que les travaux, sur le premier plan, n'aient été repris au burin.

BOISSIEU (J.-J. de)

132 — Vue des bords de la rivière d'Ain (42).

> Superbe épreuve du 1ᵉʳ état, avant que l'angle du haut du cuivre, à gauche, coupé diagonalement, n'ait été arrondi pour faciliter l'impression de la planche.

133 — Un homme à cheval, un villageois et deux vaches passent à gué une rivière (61).

> Très-belle épreuve du 2ᵉ état avant que l'essai à la roulette sur la marge, au coin gauche supérieur, n'ait été effacé ; elle est sur papier de Chine.

134 — Paysage connu sous le nom de l'Oratoire (60).

> Superbe épreuve sur papier de Chine.

135 — La vieille Chapelle entourée d'arbres (65).

> Très-belle épreuve.

136 — Les grands Charlatans (R. 140).

> Superbe épreuve avant l'astérique à la suite de l'année 1772.

BOITARD (F.)

137 — Le Temps et la Vérité, pièce gravée à l'eau-forte.

> Très-belle épreuve.

BOL (F.)

138 — Un Vieillard philosophe (B. 6), cl. 6.

> Superbe épreuve du 2ᵉ état.

139 — Homme à la Toque (B. 13).

> Superbe épreuve.

BOL (Jean)

140 — Rébecca donnant à boire à Éliézer en faisant abreuver ses chameaux. Pièce de forme ronde.

> Très-belle épreuve.

BOLOGNINI (J.-B.)

141 — Jésus-Christ établissant saint Pierre chef de son Église (B. 2).

> Très-belle épreuve.

BOLSWERT (Schelte-A.)

142 — Le Couronnement d'épines, d'après Van Dyck. Pièce connue sous le nom de : *Christ au Roseau.*

Magnifique épreuve du 1er état, avant les contre-tailles au vêtement et à la jambe gauche du second soldat qui est debout à la droite de l'estampe ; elle a une belle marge. Très-rare à trouver dans une aussi belle condition.

143 — Saint Charles Borromée. — Un Homme vu à mi-corps et de profil, gravé en manière noire par Van der Bruggen. 2 pièces.

Très-belles épreuves.

BONASONE (J.)

144 — Noé sortant de l'arche (B. 4).

Magnifique épreuve.

145 — Moïse ordonnant aux Hébreux de ramasser la manne (B. 5).

Magnifique épreuve.

146 — Silène monté sur un âne, se soutenant de chaque côté sur un faune (B. 88).

Superbe épreuve.

147 — Portrait de François Floris, peintre d'Anvers. (B. pièces gravées par différents anonymes. n° 1.)

Superbe épreuve du 1er état, avant le nom de Bonasone ; ell porte au verso la signature de *P. Mariette*, 1665.

BONNEIONNE (E.)

× **148** — La Philosophie, d'après Raphaël. Pièce gravée l'eau-forte d'après la gravure de Marc Antoine.

Très-belle épreuve.

BONNEMER (F.)

149 — Le Buisson ardent (R. D. T. 8 P. 274).

Très-belle épreuve du 3e état.

BORGIANI (H.)

150 — Adam et Eve assujettis au travail (8). — Joseph racontant ses songes (25). — Le Veau d'or adoré par les Israélites (34). — Jésus-Christ célébrant la Paque avec ses Apôtres (52). 4 pièces.
Très-belles épreuves.

151 — Saint Christophe traversant à gué une rivière (B.53). — Le jeune Tobie, gravé par P. P. Bonzi (B. 1). 2 pièces.
Très-belles épreuves.

BOSCHINI (M.)

152 — Diane sur son char, d'après le Tintoret.
Superbe épreuve d'une estampe rare.

BOSSE (A.)

153 — Le Procureur dans son étude.
Très-belle épreuve avec l'adresse de Le Blond.

154 — Homme vu de dos, faisant partie de la suite intitulée : *Le Jardin de la noblesse française.*
Épreuve avant le numéro.

155 — L'Enfance. — L'Adolescence. 2 pièces.
Superbes épreuves tirées avant que l'adresse de Le Blond n'ait été effacée.

BOUCHER (F.)

156 — La troupe Italienne (P. de B. 151).
Superbe épreuve d'un état non décrit avec ces mots: *à l'eau-forte,* au-dessous de *Boucher, sculpt.*

157 — Le Dénicheur de moineaux, d'après Watteau.
Très-belle épreuve.

158 — Costumes et paysages tirés du Recueil qui a pour titre : Figures de différents caractères, de paysages et d'études dessinés d'après nature par A. Watteau. 6 pièces.
Très-belles épreuves avant les numéros.

BOUCHER (F.)

159 — La Petite reposée. — Tête vue de face d'un petit garçon pleurant. — Académie d'homme. — Deux paysans dormant, par Mme Boucher.
Très-belles épreuves.

160 — 5e cahier d'arabesques composées et gravées par F. Boucher. A Paris, chez Chereau fils, rue St-Jacques, 6 pièces.
Très-belles épreuves.

161 — La Coquette, d'après Watteau.
Très-belle épreuve.

BOUCHIER (J.-A.-G.)

162 — Vue de Cette. 1786.
Très-belle épreuve.

BOULOGNE (L. de), le père

163 — La Vierge au mur (R. D. 2). — Le Martyre de saint Pierre (R. D. 6). 2 pièces.
Très-belles épreuves.

BOUNIEU (M.-H.)

164 — La Leçon ennuyeuse (P. de R. 13).
Très-belle épreuve.

BOURDON (S.)

165 — Le Retour de Jacob (R. D. 1). Épreuve du 1er état. — La Vierge à l'écuelle (R. D. 12). 1er et 2e état. — L'enfant Jésus foulant aux pieds le péché (16). — La Sainte Famille et sainte Catherine (19). 1er état. 5 pièces.
Très-belles épreuves

166 — La Vierge à la terrasse (20), 1er et 2e état. — Le Songe de saint Joseph (22), 1er et 2e état. — La Fuite en Égypte (25), 1er état. 5 pièces.
Très-belles épreuves.

BOURDON (S.)

167 — Fuite en Égypte (R. D. 25).

Superbe et très-rare épreuve, non décrite, à l'eau-forte pure ; elle est avant toutes lettres, et avant que l'âne n'ait été terminé et ses pieds de devant changés.

168 — Le Retour d'Égypte (R. D. 27), 1er état. — Sainte Famille aux Anges (28). — La Vierge sur une arche souterraine (Appen. 3). 3 pièces.

Très-belles épreuves.

169 — La Sainte Famille au lavoir (R. D. 29).

Superbe épreuve du 1er état ; elle porte la signature de P. Mariette, 1676.

170 — L'Enfant qui boit (32). — Le Christ mort sur les genoux de la Vierge, par F. Bourlier, d'après Van Dyck. 2 pièces.

Très-belles épreuves.

BOURG D'ORSCHVILLER

171 — Paysage à l'eau-forte.

Très-belle épreuve.

BOUYS (A.)

172 — Portraits gravés en manière noire (R. D. 2. 5. 7). 3 pièces.

Très-belles épreuves, le n° 2 est avant la lettre.

BOYER-D'AGUILLES (J.-B.)

173 — Figure académique d'homme, d'après L. Cardi (R. D. 8). — Moïse cachant dans le sable l'Égyptien qu'il avait tué (17). — Repos en Égypte, pièce non décrite. 3 pièces.

Très-belles épreuves.

BOYVIN (R.)

174 — Danse de Dryades, d'après maître Rous (R. D. 74).

Très-belle épreuve.

BOYVIN (R.)

175 — Deux aiguières vues de front (R. D. 171). — Deux coupes garnies de leur couvercle (172). — Deux nécessaires de table vus de front (178). 3 pièces.
Très-belles épreuves. Rares.

176 — Vénus et l'Amour. — La déesse debout est tournée à droite et appuie sa main gauche sur la tête de Cupidon ; le monogramme du maître est au milieu de la marge. Cette pièce est restée inconnue à R. Dumesnil.

BRACELLI (G.-B.)

177 — Saint Léon, pape, venant à la rencontre d'Attila, d'après le bas-relief de marbre qui est sur un des autels de l'église Saint-Pierre du Vatican. Estampe non décrite par Bartsch.
Superbe épreuve. Très-rare.

BRANT (R.)

178 — La Sainte Famille et un Ange.
Très-belle épreuve avant la lettre et avant d'être terminée, plus : l'Armée de Sennachérib défaite par l'ange exterminateur, gravé par S. Bottschild.

BREBIETTE (P.)

179 — Bacchanales d'enfants, portraits et paysages. 9 pièces.
Très-belles épreuves,

BRENTEL (F.)

180 — Pourtrait du lict du trespas de feue Son Altesse de Lorraine, Monseigneur le duc Charles 3ᵉ de ce nom.
Très-belle épreuve.

BRESCIANO (P.-S.)

181 — Sixte Quint représenté priant Dieu les mains jointes (B. 1).
  Très-belle épreuve d'une estampe rare. Collection Dreux.

BRETEUIL (J.-L. LE TONNELIER, comte de)

182 — Berger avec son troupeau.
  Très-belle épreuve.

BREUGHEL (F.)

183 — Les Patineurs.
  Très-belle épreuve.

BBION (A.)

184 — Jeune femme assise, tenant son éventail de ses deux mains.
  Très-belle épreuve.

BRIXIO (F.)

185 — La Sainte Vierge assise au bord d'une fontaine près de l'enfant Jésus (B. 4).
  Très-belle épreuve du 1er état, avec le nom de Brixio.

BROEBES (J.-B)

186 — Paysage accidenté. — Vue de l'autel du couvent de Saint-Augustin à Paris. 2 pièces.

BRUNOY (J.-B.-J.), baron de la TOUR-D'AIGUES

187 — Intérieur d'une Grotte. — Le Peintre d'après Ostade, etc. 4 pièces.
  Très-belles épreuves.

BRY (J.-Th.)

188 — Les noces d'Isaac et de Rébecca, pièce en forme de frise.
  Très-belle épreuve.

BUSINCK (L.)

189 — Le Flûteur, d'après G. Lallman, pièce imprimée
en camaïeu.

Très-belle épreuve du 1er état, avant les mots: A Paris, chez
Melchior Tavernier.

CACCIOLI (G.-A.)

190 — Sainte Famille, d'après le Pésarèse (B. 1).
L'adoration des Mages, estampe non décrite par
Bartsch. 2 pièces.

Très-belles épreuves.

CALETTI (G.), dit le CREMONÈSE

191 — David portant la tête de Goliath (B. 3). — Un saint
Évèque de l'ordre de Saint-Bernard (B. 7). 2 pièces.

Superbes épreuves.

192 — Femme vue par le dos (B. 8).

Très-belle épreuve.

193 — Les portraits sur la même feuille d'Alphonse Ier
et d'Hercule II, ducs de Ferrare (B. 22).

Superbe épreuve.

CALLOT (JACQUES)

194 — Le passage de la mer Rouge (Meaume 1).

Superbe épreuve du 1er état.

195 — Les hommages du petit saint Jean (M. 93).

Très-belle épreuve du 1er état.

196 — Saint Jean dans l'île de Pathmos (102).

Très-belle épreuve du 2e état, plus la copie par Collignon

197 — Le Miracle de saint Mansuy (M. 141).

Épreuve du 7e état.

198 — Les Martyrs du Japon (M. 155).

Superbe épreuve du 1er état.

CALLOT (JACQUES)

199 — Le Combat à la Barrière, suite de 10 pièces (M. 492-501).
Superbes épreuves.

200 — Les grandes misères de la guerre. Suite de 18 pièces (M. 564-581).
Très-belles épreuves avant que les mots Israël excudit aient été effacés.

201 — Les deux Pantalons (M. 626).
Superbe épreuve.

202 — Les Supplices (M. 665).
Superbe épreuve, où la tour au-dessous du mot *supplicium* et la petite statue de la Vierge placée à l'angle de la rue du fond à droite, sont très-apparentes.

203 — Les Bohémiens (M. 667,670). Suite de 4 pièces.
Superbes épreuves du 2ᵉ état, où les lointains sont parfaitement distincts.

204 — Vue du Pont-Neuf, de la Tour et de l'ancienne Porte de Nesle (M. 714).
Superbe épreuve avant la marque d'Israël Silvestre, et avant que la marge du bas ait été réduite.

205 — Trois pièces de la Vie de la Vierge — Deux paysages (M. 717-718). — Trois pièces de la suite des caprices. En tout 8 pièces.
Très-belles épreuves.

CALLOT (École de)

206 — Attaque de Brigands dans des ruines (M. 1042).
Superbe épreuve.

CAMASEI (A.)

207 — La Sainte-Vierge et Sain-Jean (B. 1).
Superbe épreuve.

CAMPAGNOLA (D.)

208 — La décollation de sainte Catherine (B. 6). Cata-
logue de M. Galichon publié dans la Gazette des
Beaux-Arts, T. 17, P. 540, N° 10.
Épreuve de la plus grande beauté, collection Vanden Zande. Rare

CANALETTI (A.)

209 — Vue de Venise, plus deux pièces pour le livre de
la Toison d'Or par Gallino. 3 pièces.
Très-belles épreuves.

CANTARINI (S.), dit le PESARÈSE

X 210 — Adam et Ève (B. 1). — Repos en Egypte. (B. 6, 7
et 8). 4 pièces.
Superbes épreuves.

211 — Sainte Famille (B. 10). — Sainte Famille (11.) 2 pièces.
Très-belles épreuves.

X 212 — La Vierge, l'enfant Jésus et saint Jean (B. 16). —
La Vierge avec l'enfant Jésus (B. 17.) 2 pièces.
Superbes épreuves. La dernière est avant le nom de Pesarèse.

213 — La Vierge couronnée (B. 21). Deux épreuves dont
une avant le nom du maître, plus la copie. 3 pièces.
Très-belles épreuves.

214 — Saint Sébastien (B. 24).
Superbe épreuve.

215 — Saint Benoist délivrant un possédé, d'après L.
Carrache (B. 27) — Mercure et Argus (B. 31). 2 pièces.
Très-belles épreuves du 1er état, avant l'adresse de Rossi.

CANUTI (D.-M.)

216 — La Vierge au Rosaire (B. 1). Epreuve du premier
état, avant que la marge du cuivre, qui porte la dédicace, ait été coupée. — Un Amour assis sur un
tertre, pièce inconnue à Bartsch.
Très-belles épreuves.

CAPITELLI (B.)

217 — La Sainte Vierge adorant l'enfant Jésus endormi sur son berceau (B. 4). — Saint Bernardin prêchant à Milan, pièce non décrite par Bartsch. — Saint Bernardin de Sienne ressuscitant un enfant (B. 9). 3 pièces.
Superbes épreuves.

218 — Estampe d'après un bas-relief antique représentant la mort de Méléagre.
Superbe épreuve.

CARAGLIO (G.-J.)

219 — Les Travaux d'Hercule, d'après le maître Roux (B. 44-49). Suite de 6 pièces.
Superbes épreuves du 1er état, avant l'adresse de A. Salamanca.

CARLONE (Ch.)

220 — La Vierge montant au ciel.
Très-belle épreuve.

CARMONTELLE (D'après)

221 — La malheureuse Famille Calas.
Très-belle épreuve.

CARPI (H. da)

222 — David coupant la tête à Goliath, clair-obscur de trois planches (B. T. XII, P. 26, 1re section).
Épreuve du 1er état, avant les noms de Raphaël et de H. de Carpi.

CARPIONI (G.)

223 — Jésus-Christ à la montagne des Oliviers (B. 2). Épreuve du premier état. — La Vierge lisant (B. 5). Deux épreuves dont une d'un premier état non décrit, avant le nom du maître. 3 pièces.
Superbes épreuves.

CARPIONI (G.)

224 — Sainte Madeleine (B. 10.) — Saint Jérôme (B. 12).
2 pièces.

Très-belles épreuves.

225 — Les Quatre Eléments (B. 15-18).

Superbes épreuves.

CARRACHE (Annibal)

226 — Suzanne au bain (B. 1).

Superbe épreuve.

227 — Suzanne surprise au bain (B. 1).

Rare épreuve du 1er état, avant la lettre, plus la même pièce du
3e état. 2 pièces.

228 — L'Adoration des Bergers (B. 2).

Superbe épreuve avant l'adresse de Van Aelst.

229 — Le Couronnement d'épines (B. 3).

Superbe épreuve.

230 — Le Christ de Caprarole (B. 4).

Superbe et très-rare épreuve du 1er état, avec le seul mot Capra-
rolae et l'année 1597.

231 — La même estampe.

Très-belle épreuve du 2e état, avec le nom du maitre, mais
avant l'adresse de Van-Aelst.

232 — La Vierge accompagnée de l'Ange (B. 7).

Superbe épreuve, plus deux copies de la même estampe.

233 — La Vierge à l'Hirondelle (B. 8).

Magnifique épreuve.

234 — La Vierge à l'Ecuelle (B. 9).

Superbe épreuve avant l'adresse de Van Aelst.

235 — La Sainte Famille (B. 11).

Superbe épreuve.

236 — Quatre épreuves de la même estampe dont une
copie.

Belles épreuves.

CARRACHE (ANNIBAL)

237 — Saint Jérôme (B. 14).
Magnifique et rare épreuve avant le nom du maitre.

238 — Saint François d'Assise (B. 15). — La Madeleine pénitente (B. 16). 2 pièces.
Belles épreuves.

239 — Jupiter et Antiope (B. 17).
Deux épreuves dont une superbe et portant au verso les initiales de P. Mariette, 1667.

240 — La Soucoupe (B. 18).
Magnifique épreuve avec une belle marge.

241 — La même estampe.
Très-belle épreuve.

CARRACHE (AUGUSTIN)

242 — La Sainte Vierge (B. 31). — Saint François en extase, d'après Vanni (B. 67). 2 pièces.
Très-belles épreuves.

243 — Saint Jérôme, d'après le Tintoret (B. 76).
Superbe épreuve d'un 1er état non décrit, avant les mots : *cum privilegio* au-dessous du livre.

244 — Le Corps mort de Jésus-Christ, d'après P. Véronèse (B. 102).
Très-belle épreuve du 1er état.

245 — Mercure et les Grâces (B. 117). — Mars renvoyé par Minerve (B. 118). 2 pièces d'après le Tintoret.
Superbes épreuves, la deuxième porte la signature de P. Mariette, 1666.

246 — Les deux scènes de Théâtre (B. 121-122). 2 pièces.
Superbes épreuves du 1er état avant l'adresse de Filippo Suchielli.

247 — Les mêmes estampes.
Très-belles épreuves avec l'adresse.

CARRACHE (Augustin)

248 — Orphée retirant Euridice des Enfers (B. 123). — Suzanne surprise dans le bain par deux vieillards (B. 124). 2 pièces.
Très-belles épreuves.

249 — Andromède attachée à un rocher (B. 125). — Loth avec ses deux filles (B. 127). 2 pièces.
Très-belles épreuves.

250 — Vénus châtiant l'Amour qu'un enfant porte sur le dos (B. 135).
Superbe épreuve.

251 — Le Pape Innocent IX (B. 149).
Superbe épreuve.

252 — Sivel (Jean-Gabriel) (B. 153). — La ville de Crémone (B. 193). 2 pièces.
Très-belles épreuves,

CARRACHE (L.)

253 — La Vierge de l'an 1592 (B. 1).
Superbe épreuve, plus la copie de la même pièce.

254 — La Sainte Vierge aux Anges (B. 2). 2 épreuves.
Superbes épreuves du 1er état avant l'adresse du deuxième éditeur J. Orlandi.

255 — La Vierge et saint Joseph (B. 4).
Superbe épreuve.

CARS (Laurent)

256 — Hercule et Omphale, Persée et Andromède. 2 pièces d'après Le Moyne.
Très-belles épreuves.

CASA (N. della)

257 — Portrait de Baccio Bandinelli (R. D. 2).
Belle épreuve.

CASALI (A.)

258 — La Princesse Gunhilda accusée d'adultère et jus-
tifiée par un chevalier qui a combattu pour elle.
Très-belle épreuve.

CASANOVA (François)

259 — Le Dîner du peintre Casanova (P. de B. 6).
Très-belle épreuve.

CASEMBROODT (A.)

260 — Vues de Messine. 3 pièces gravées à l'eau-forte.
Très-belles épreuves.

CASTIGLIONE (G.-B.)

261 — Pan assis (B. 18). — Vieillard à grande barbe (36).
— Fête du dieu Pan (B. 16). 5 pièces dont une
double.
Très-belles épreuves.

CAUMONT (Le Marquis de)

262 — Homme à moitié nu feuilletant un livre, d'après
le Guerchin. — La Vierge, l'enfant Jésus et saint
Jean, d'après P. de Cortone. 2 pièces.
Très-belles épreuves.

CAUVET (G.-P.)

263 — Panneau d'ornement.
Très-rare épreuve d'eau-forte pure.

CAVALLERIIS (G.-B.)

264 — L'apôtre saint Paul qui descend quelques degrés,
d'après Michel-Ange.
Très-belle épreuve.

3

CAYLUS (Le comte de)

265 — Croquis d'après Watteau et Rembrandt par divers
graveurs. 8 pièces.
Très-belles épreuves.

GAZIN (J.-B.-L.)

266 — Suite de six paysages gravés à l'eau-forte. 7 pièces
dont une double, plusieurs sont de premier état
avant divers travaux.

CESIO (C.)

267 — Deux Enfants près d'un pot de fleurs (B. 84). —
Les amours d'Anchise et de Vénus. 2 pièces.
Très-belles épreuves.

CHABANNES

268 — Le portrait de Robert Dumesnil.
Très-belle épreuve.

CHALLE (M.-A.-C.)

269 — Diane au bain. — Une nymphe de Diane venant
de sortir du bain (P. de B. 1 et 2). 2 pièces.
Très-belles épreuves.

CHARPENTIER (René)

270 — Jésus-Christ en croix.
Superbe épreuve avant que la planche ne soit entièrement terminée et avant l'adresse de Chereau.

CHAUFOURIER (J.)

271 — Vues des environs de Paris, gravées dans le goût
de S. Leclerc. Suite de 6 pièces.
Très-belles épreuves.

CHAUVEAU (F.)

272 — La Sainte Famille.—La Fortune.—Paysage. 3 pièces.
Très-belles épreuves.

CHEREAU (François)

273 — Philippe d'Orléans, régent du royaume, d'après
Santerre.
Superbe épreuve.

CHÉRON (L.)

274 — Le Boiteux guéri (R. D. 27). Epreuve avant toute
lettre. —Ananie et Saphire punis de mort (R. D. 26).
2 pièces.
Très-belles épreuves.

CHÉRON (Élisabeth-Sophie)

275 — Son portrait (R. D. 1).
Superbe épreuve.

CHOFFARD (P.-P.)

276 — L'Adresse du sieur Aubert, marchand et graveur
à Paris, au Papillon, charmante pièce dans une guirlande de fleurs et de feuillages.

277 — Portrait de La Rochefoucault, d'après Petitot.
Très-belle épreuve.

278 — Vignette représentant la salle d'un vaste palais,
au milieu de laquelle plusieurs hauts personnages
sont assis autour d'une table ronde.
Très-belle épreuve.

CIOCI (A.)

279 — Jésus et la Samaritaine. — Paysage de forme
ronde. — Le Christ présenté au peuple par G. Clo!
derius. 3 pièces.
Très-belles épreuves.

CLERIAN (N.-J.-Th.)

280 — Vue d'une partie de la Cascade de Toscanella.
Seule pièce gravée par ce maître.

Très-belle épreuve.

COCHIN (Ch.-N.)

281 — La Sculpture et l'Histoire. 2 pièces d'après La
Joue.

Très-belles épreuves.

282 — Ecusson des armes de J. F. Phelypeaux, comte
de Maurepas. — L'Adoration des Mages. — Conversion de saint Paul. 3 pièces.

Très-belles épreuves.

283 — La Leçon de Musique, d'après Watteau.

Très-belle épreuve.

284 — Concours pour le prix de l'expression, fondé dans
l'Académie royale de peinture et de sculpture par
le comte de Caylus en 1760.

Superbe et très-rare épreuve avant toute lettre et à l'eau-forte pure.

CODORÉ (O.)

285 — Estampes gravées sur bois tirées du volume re-
latif à l'entrée dans Paris de Charles IX et Elisabeth
d'Autriche. 8 pièces.

CŒLMANS (J.)

286 — Deux sujets de Sainte-Famille. — L'Académie des
Pensionnaires du Collége royal Bourbon d'Aix,
d'après Vanloo. — Portrait du Père Nicolas Saget de
Longobardis. 4 pièces dont une double.

COLANDON (D.)

287 — La Nourrice (P. D. 1). — La Promenade sur l'eau,
d'après Callot, par Collignon (M. 1191). 2 pièces.

CONSTANTIN (J.-A.)

288 — Paysages divers (P. de B. 3. 4. 5.). 5 pièces dont
deux non décrites par M. de Baudicourt.
Très-belles épreuves.

289 — Cour d'une ferme. Vue du canal d'Istre. —Ruines
d'un château. 3 pièces dont deux avant la lettre.
Très-belles épreuves. Rares.

COPIA (L.)

290 — Le premier baiser de l'Amour, d'après Prud'hon.
Superbe et très-rare épreuve avant la lettre.

291 — La même estampe.
Très-belle épreuve avec la lettre.

292 — La Liberté, d'après Prud'hon.
Très-belle épreuve du 1er état.

293 — Frédéric-Guillaume, roi de Prusse. — Sujet allégorique et politique ; aux vainqueurs d'Albion. 2
pièces.

CORNEILLE (Cl.)

294 — Le Massacre des Innocents (B. 4, R. D. 4).
Très-belle épreuve.

CORNEILLE (J.-B.)

295 — Jésus-Christ apparaissant à sainte Thérèse et à
saint Jean-de-la-Croix (R. D. 9).
Très-belle épreuve.

CORNEILLE (M. et J.-B.)

296 — Notre-Dame des Anges (R. D. 24). — Bethsabée au
bain (R. D. 2). 2 pièces.
Très-belles épreuves.

CORNEILLE (M.-A.)

297 — Composition d'après les idées de Raphaël (R. D.
1-4). Suite de 4 pièces. Les 3 premières sont du premier état et l'autre du deuxième.
Très-belles épreuves.

298 — Sainte-Famille, dans le goût de Raphaël (R. D. 13),
premier état. — La Vierge et l'enfant Jésus, d'après
L. Carrache (R. D. 53), premier état. — L'Ange luttant avec Jacob, d'après A. Carrache (R. D. 48),
deuxième état. 3 pièces.
Très-belles épreuves.

CORT (Corneille)

299 — Roger allant délivrer Angélique. — Le Martyre de
saint Laurent. — 2 pièces d'après Titien.
Très-belles épreuves.

300 — Moïse et son père Aaron devant le roi Pharaon. —
Faune portant un jeune Bacchus sur ses épaules. 2
pièces.
Superbes épreuves.

301 — Sylvain, Dieu des forêts. — Rebecca, par J. Collaert. Vue des Ruines de la Fontaine-Bleue à Bruxelles,
par Coppens. 3 pièces.
Très-belles épreuves.

COSTANTINO (G.-B)

302 — Bacchanale, d'après le Guide. 2 épreuves. Superbes.

COTELLE (J.)

303 — La Naissance de Cupidon. (R. D. 2). 2 épreuves.

COURDOUAN (V.-J.-F.)

304 — Vues prises à Lyon sur les bords du Rhône ou de
la Saône. 2 pièces gravées à l'eau-forte.

COURTOIS (GUILLAUME)

305 — La Peste ou l'Ensevelissement des morts (R. D. 1).
3 épreuves de 3 états différents.

306 — La Présentation au Temple, d'après P. Véronèse.
(R. D. 2).
Très-belle épreuve.

COURTOIS (J.), dit le BOURGUIGNON

307 — Suite de 8 pièces représentant des Scènes militaires. (R. D. 1-8).
Très-belles épreuves du 2e état.

308 — Suite de 4 pièces représentant des Combats. (R. D. 9-12).
Très-belles épreuves.

309 — 4 estampes pour la guerre de Belgique, *de Strada*, dont elles ornent le deuxième volume (R. D. 13-16).
Très-belles épreuves. Rares.

COUSSIN (H.)

310 — Claude-Alexandre de Villeneuve, comte de Vence.
— Portraits divers. 5 pièces.
Très-belles épreuves.

311 — Buste d'homme à grande barbe. — Portraits de F. Binet de l'ordre des Minimes. P. de Meyronnet, prêtre, etc. 4 pièces.

312 — Enlèvement d'Europe. — Le Déluge. — L'Assomption de la Vierge, etc. 8 pièces.
Très-belles épreuves.

313 — Vue d'un Arsenal et d'une partie de Mer où sont des vaisseaux de haut bord.
Très-belle épreuve, plus la copie de la même pièce.

COUSSIN (H.)

314 — Ricard (Joseph-Paul de), conseiller au Parlement d'Aix en Provence. Portrait gravé en manière noire, d'après Vanloo.

Très-belle épreuve.

COUVAY (J.)

315 — Paysan vannant du blé; près de lui une vache lèche un veau couché.

Très-belle épreuve.

COYPEL (A.)

316 — Judith (R. D. 2). 2ᵉ état. — Démocrite (R. D. 12). 2 épreuves, l'une du 2ᵉ et l'autre du 3ᵉ état. 3 pièces.

Très-belles épreuves.

317 — La Vierge et l'Enfant Jésus (R. D. 3). — Jésus-Christ dans le linceul (R. D. 6). — Pan vaincu par les Amours. (10). — Allégorie à la gloire de Mgr le Dauphin (11). 4 pièces.

Très-belles épreuves. Le nº 6 est rare.

COYPEL (Ch.)

318 — Portrait de N. Aymon (R . D. 23), 3ᵉ état. — J. A. de Maroulle (R. D. 22). 2 épreuves, l'une du 2ᵉ état, et l'autre du 4ᵉ. 3 pièces.

Très-belles épreuves.

319 — Figure d'Apollon, d'après Michel-Ange (R. D. 26). — Jupiter changé en Satyre. Pièce non décrite. 2 pièces.

Très-belles épreuves.

320 — Modes de 1730. — Au milieu d'un cartouche d'ornements, une Femme en grand costume. Pièce non décrite.

Très-belle épreuve. Rare.

COYPEL (N.)

321 — La Vierge et l'Enfant-Jésus (R. D. 1).
Très-belle épreuve du 1er état, avant la lettre.

COYPEL (N.-N.)

322 — Sainte Thérèse (R. D. t. 2, p. 222).
Très-belle épreuve.

COZZA (F.)

323 — Cimon nourri par sa fille (B. 4). — La sainte Famille, par Th. Costa. 2 pièces.
Superbes épreuves.

CREPY (L.)

324 — Le Conteur de fleurette, d'après Watteau.
Très-belle épreuve.

325 — Paravent de six feuilles, d'après Watteau. Suite de 6 pièces.
Très-belles épreuves. Rares.

CRESPI (G.-M.)

326 — Le Prophète Isaïe (B. 1). — Deux enfants jouant B. 22). 2 pièces.
Superbes épreuves.

CRESPI et CRETI

327 — Saint Grégoire. — Portrait dans un ovale du médecin *Sbaraglia*. 2 pièces.
Très-belles épreuves.

CROZIER (J.-P.)

328 — Hercule enfant, triomphe de deux serpents. — Deux Enfants posent une guirlande de fleurs sur un autel en l'honneur de Bacchus. 2 pièces non décrites.

CROZIER (J.-B.)

329 — Offrande à Bacchus (R. D. 3).
Superbe épreuve.

CUMANO

330 — La Vierge tenant l'Enfant-Jésus. — Buste d'homme. d'après Rembrandt. — Sujet allégorique par Cungio. 3 pièces.
Très-belles épreuves.

CUNDIER (Les)

331 — Vignette. — Vase. — Arcs-de-Triomphe. — Portraits, etc. 8 pièces.
Très-belles épreuves.

CURTI (F.)

332 — L'Amour endormi, d'après le Guide, 2 épreuves, dont une avant le nom du Guide. — Frontispice pour un livre. — 3 études de têtes. 6 pièces.
Très-belles épreuves.

DAGNAN (J.)

333 — Vue prise d'après nature dans l'intérieur de l'île Barde à une lieue de Lyon.
Superbe épreuve. Il n'existe que 2 épreuves de cette planche.

DAMERY (J.)

334 — Vases antiques. Suite de 12 pièces, dont nous n'avons que 11.
Très-belles épreuves.

DANDRÉ-BARDON (M.-F.)

335 — Le Christ en croix 1er état. — L'Ensevelissement des morts. — Le Christ mort au pied de la croix, etc. 4 pièces.
Très-belles épreuves.

DARCIS (L.)

336 — La République triomphante, debout sur une boule
et tenant le drapeau de la Liberté, petite pièce de
forme ovale.
Superbe épreuve.

DARET (J. et P.)

337 — La Justice. — La Force. — La Tempérance (R. D.
7. 8. 9). La Tête de saint Jean-Baptiste sur un bassin.
Pièce non décrite, etc. 5 pieces.
Très-belles épreuves.

DASSONVILLE (J.)

338 — Le Flûteur (R. D. 21). — La Pipe offerte (R. D. 1).
— Paysans dans la campagne. Pièce non décrite.
3 pièces.
Très-belles épreuves.

339 — L'Épouilleuse (R. D. 5 et 6). — L'Opérateur. (20).
— Le Pot de bière disputé. (2). — Le jeune Homme
masqué, armé de verges. (3). — La Vieille et les deux
Enfans. (4). 6 pièces.
Très-belles épreuves.

DAUBIGNY (Ch.-F.)

340 — Le Printemps. — Paysage vu au clair de lune,
1er état, sur chine. 2 pièces.

DAULLÉ (J.)

341 — Portrait du chancelier d'Aguesseau, d'après Vivien.
Très-belle épreuve.

DAVEN (L.)

342 — La sainte Vierge et l'Enfant-Jésus, d'après le Parmesan. (B. 1). — Sainte Madeleine portée au ciel par
des Anges, d'après le Primatice. (B. 4). 2 pièces.
Superbes épreuves.

DAVEN (L.)

343 — Alexandre domptant Bucéphale, d'après le Primatice. (B. 12), — Diane et ses Nymphes poursuivant dans des barques un cerf qui traverse une rivière, d'après L. Penni. 2 pièces.
Très-belles épreuves.

DAVID (J.)

344 — L'Assomption. d'après Camille Procaccini.

346 — Sujet rustique, une Femme assise allaite son enfant. Charmante eau-forte.
Très-belle épreuve.

DÉ (Le Maître au)

346 — La sainte Trinité, d'après Raphaël. (B. 10).
Belle épreuve.

347 — Zéphir enlevant Psyché par ordre de l'Amour. (B. 44).
Superbe et très-rare épreuve avant les vers.

348 — Apollon et Marsias, d'après Raphaël. (B. 34).
Très-belle épreuve.

DECKER (C.)

349 — Vue prise en Hollande.
Très-belle épreuve.

GHENDT (De)

350 — Vignette; au milieu un cartouche blanc entouré de fleurs, de verdure et d'amours, d'après Marillier. Très-jolie pièce.
Superbe épreuve.

LAUNAY (De)

351 — Le Chiffre d'amour, d'après Fragonard.
Superbe épreuve.

DELAUNE (ÉTIENNE).

352 — Moïse montrant au peuple le serpent d'airain (R.
D. 61).

Très-belle épreuve du 1ᵉʳ état, avant les éraillures. Elle est
tachée.

353 — 20 pièces de l'histoire de la Genèse (R. D. 24. 59).
Très-belles épreuves.

354 — Hercule sur un cheval à double face (R. D. 114). —
Revers de médaillon. (140). — Jonas se jette dans la
mer. (15). — Latone, insultée par les habitants de
Lycie, les change en grenouilles. (133). 4 pièces.
Très-belles épreuves.

DELVAUX

355 — Saint François de Sales, petit portrait in-8.
Très-belle épreuve avant toute lettre.

DEMARCENAY DE GHUY (ANTOINE)

356 — Jeanne d'Arc.
Superbe épreuve avant la lettre. Ce portrait et les suivants ont
toutes leurs marges.

357 — Bayard (le chevalier).
Superbe épreuve avant la lettre.

358 — Le même portrait.
Très-belle épreuve. .

359 — Charles V, dit le Sage.
Superbe épreuve avant la lettre.

360 — Le même portrait.
Très-belle épreuve, sur papier de Chine non collé.

361 — Charles VII, roi de France.
Superbe épreuve avant la lettre.

363 — Portrait du prince Eugène.
Superbe épreuve avant toutes lettres.

363 — Le même portrait.
Très-belle épreuve.

DEMARCENAY DE GHUY (J.-L.)

364 — L'Hôpital (Michel de).
> Superbe épreuve avant la lettre.

365 — Le même portrait.
> Très-belle épreuve sur papier de Chine non collé.

366 — Maurice de Saxe, maréchal de France.
> Superbe épreuve avant la lettre.

367 — Portraits du maréchal de Saxe. — Turenne. — Henri IV. 3 pièces.
> Très-belles épreuves.

368 — Sully (Maximilien de Béthune, duc de).
> Très-rare épreuve avant la lettre, tirée avant la planche nettoyée et avant beaucoup de travaux.

369 — Le même portrait.
> Très-belle épreuve sur papier de Chine non collé.

370 — De Thou (le président).
> Superbe épreuve avant la lettre.

371 — Turenne (Henri de La Tour d'Auvergne, vicomte de), maréchal de France.
> Très-belle épreuve.

372 — Homme à barbe blanche, d'après R. — Portrait du Tintoret avant et avec la lettre. — Régulus partant pour Carthage où l'attendent les supplices. 4 pièces.
> Très-belles épreuves.

DEMARNE (J.-L.).

373 — Le Naufrage, épreuve du 1er état, avant l'angle du haut à gauche arrondi. — La Ferme. 2 épreuves dont une avant grand nombre de travaux. 3 pièces.
> Très-belles épreuves.

374 — Les deux figures assises au bord de l'eau. — Le pont de pierre près d'une statue en ruines. — Le Berger gardant son troupeau. — La Vache à l'abreuvoir. 4 pièces.
> Très-belles épreuves du 1er état.

DEMARNE (J.-L.)

375 — L'Homme qui trait une chèvre. Épreuve du 1er état. — L'Homme et la Femme assis. 2 épreuves dont une avant le nom du maître. 3 pièces.
Très-belles épreuves.

DEMARTEAU (G.-A.)

376 — Vénus et l'Amour. — Les Baigneuses. 2 pièces d'après Boucher.
Très-belles épreuves.

DENON (D.-V.)

377 — Deux Mendiants vus de face. — Philosophe dans son cabinet. 2 pièces.
Très-belles épreuves.

DESFRICHES (A.-Th.)

378 — Paysages. 2 pièces.

DESHAYES (J.)

379 — La Descente de croix, d'après Cl. Vignon (R.D. 2).
Très-belle épreuve.

DESNOYERS (A.-B. baron)

380 — Bélisaire, d'après Gérard.
Superbe épreuve avec le cachet à deux têtes.

381 — Médaillon représentant les têtes de Napoléon et de Ptolémée, en tête des lettres du Musée, etc. 2 pièces.

DE SON (N.)

382 — Esther devant Assuréus. — Trois couples d'amoureux dans un jardin, d'après J. Lis. 2 pièces.
Très-belles épreuves.

DESPRÉE (J.-L,)

383 — Portraits de M. de Chezi, ingénieur. J. R. Perro-
net, ingénieur (P. de B. 22 et 23). 2 pièces
Très-belles épreuves.

DIAMANTINI (G.)

× 384 — Le corps mort de Jésus-Christ. (B. 6). — Sainte
Famille. (B. 4). — Hercule et Omphale. (B. 19).
4 pièces.
Très-belles épreuves,

DIETRICY (Ch.-W.-E.)

385 — Saint Jacques prêchant dans un village, 1749.
Très-rare épreuve du 1er état, avant le n° 76 et avant le nom du
maître et l'année 1740 sur la traverse du bois, au-dessus du vieillard qui est à droite, les mains jointes.

× 386 — La Nativité.
Superbe épreuve du 1er état, tirée avant le n° 60, sur le morceau
de solive vers le milieu du haut de la composition.

387 — Le Paysan assis au bord d'une route.
Très-belle épreuve.

388 — Le Marchand de mort aux rats.
Superbe épreuve. Rare

389 — Le Charlatan entouré de gens de la campagne.
Superbe épreuve du 2e état, avant le n° 79, dans l'angle supérieur
à droite.

DIVERS

390 — Sujets religieux et autres. 12 pièces.

391 — Paysages et sujets champêtres. 20 pièces.

392 — Portraits. — Titres de livres. — Académies
d'hommes. — Ornements. 19 pièces.
Très-belles épreuves.

393 — Vignettes. — Lettres ornées. — Fleurons. 12 pièces.

DOFIN (Olivier)

394 — L'Eau (R. D. 4). — Le Feu. (7). — La Vendange,
d'après Boulanger. Pièce non décrite. 3 pièces.
Très-belles épreuves.

DORIGNY (Michel)

395 — Bacchanale d'enfants, d'après Chapron (R. D. 13).
—Sainte Famille, d'après F. Perrier. (43). Sainte
Famille, d'après S. Vouet. (84), etc. 4 pièces.
Très-belles épreuves.

DREVET (Pierre)

396 — Portrait de Pierre Gillet, d'après Rigaud.
Très-belle épreuve.

397 — Louis XV, roi de France, d'après Rigaud.
Très-belle épreuve.

DREVET (P.-J.)

398 — Mgr de Tressan, archevêque de Rouen, à genoux
aux pieds de la sainte Vierge, tenant l'Enfant-Jésus,
d'après J. B. Vanloo.
Très-belle épreuve tirée avant divers travaux faits depuis à la
planche, principalement devant le visage de l'Enfant-Jésus et au-
dessous de son pied droit.

DUBOIS (B.)

399 — L'Ouragan (R. D. 3). —Alexandre et Diogène (5). —
Tobie et l'Ange. (6). Très-rare. 3 pièces.
Très-belles épreuves.

DUDOT (René)

400 — Sainte Famille (R. D. t. 1 p 234.) 3 épreuves dont
une avant le nom du maître. — Jeune Fille tenant
un chat, par Marie J. B. Dubos. 3 pièces.
Très-belles épreuves.

DUFLOS (Cl.)

401 Armoiries. — Descente de croix, d'après Le Sueur.
Saint François à genoux devant la Sainte Vierge, par
Dufresne. 3 pièces.
Très-belles épreuves.

DUFLOS (F.-P.)

402 — Paysages pris dans la campagne de Rome.
3 pièces.

DUJARDIN (Karel)

403 — Portrait du Poète de Vos (B. 52). Épreuve superbe).

DUMONT (J.), dit le ROMAIN

404 Frontispice de la semaine sainte de la maison d'Orléans (P. de B. 3). — Agar dans le désert (P. de B. 4).
1er état. 2 pièces.
Très-belles épreuves.

405 — Le Joueur de Musette (P. de B. 5). 2 épreuves,
dont une du 1er état, à l'eau-forte pure. — La Sa-
voyarde (6). 3 pièces.
Très-belles épreuves.

DUMOUSTIER (Geoffroy)

406 — La Sainte Vierge debout dans une niche, tenant
l'Enfant Jésus dans ses bras (R. D. 11).
Très-belle épreuve.

DUNOUY (A.-H.)

407 — Paysages en largeur et un en hauteur. 6 pièces
dont une double, avant le ciel, le monogramme du
maître et le numéro.

DUPONT (Mr HENRIQUEL)

408 — Portrait en buste de Mme Feuillet de Conches, gravé en 1826.
Très-belle épreuve.

DURER (ALBERT)

409 — La Vierge avec l'Enfant Jésus emmailloté (B. 38).
Superbe épreuve.

DU SART (C.)

410 — Le Cordonnier renommé (B. 14). 2 épreuves dont une avec l'adresse de Gole et l'autre cette adresse effacée.

411 — Le Violon assis (B. 15).
Superbe épreuve.

DUVET (JEAN), dit le maître à **LA LICORNE**

× 412 — La nouvelle Jérusalem descendant du ciel (R. D. 48). Pièce faisant partie de l'Apocalypse de Saint Jean.
Superbe épreuve ; elle a de la marge.

× 413 — Poison et contre-poison (R. D. 61). Cette estampe est attribuée pour le dessin à Léonard de Vinci, et pour la gravure à Cesare da Sesto. Voir l'article de M. Galichon, *Gazette des Beaux-Arts*, t. 18, page 550.
Superbe épreuve ; elle manque un peu de conservation.

DUVIVIER (IGNACE)

414 — Un Ouragan dans une forêt. — Vue de clochers avec ruines et cascades. — Paysage dessiné et gravé d'après nature, première épreuve, avant que la marge du cuivre n'ait été nettoyée. 3 pièces.
Très-belles épreuves.

DYCK (A. Van)

415 — Le Christ couronné d'épines, morceau capital du maître.

Très-belle épreuve avant les mots : *et fecit aqua forti*, avec le mot Regis et l'adresse de Bon Enfant.

416 — P. Breughel, dit le Drôle.

Très-belle épreuve.

DYCK (Daniel Vanden)

417 — La chaste Suzanne (R. D. 1).

Très-belle épreuve.

ÉCHARD (Charles)

418 — Paysages avec ruines. 4 pièces.

Très-belles épreuves.

EDELINCK (Gérard).

419 — Sainte Madeleine, d'après Charles Le Brun.

Superbe et très-rare épreuve avant la lettre.

420 — Descartes (René), célèbre philosophe (R. D. 181).

Très-belle épreuve du 1er état, avant l'adresse de Chereau.

421 — Louis XIV, roi de France (R. D. 254).

Très-belle épreuve du 1er état.

422 — Pascal (Blaise), géomètre, physicien et littérateur célèbre (R. D. 290).

Superbe épreuve.

423 — Sainte Thérèse, d'après Chauveau. Pièce non décrite par R. Dumesnil.

Très-belle épreuve.

EISEN (Charles)

424 — La Sainte Vierge allaitant l'Enfant Jésus (P. de B. 1). — Saint Éloi prêchant (3). 2 pièces.

Très-belles épreuves.

EISEN (Caarles)

425 — Hercule et Omphale (P. de B. 6). 2 épreuves, dont une du 1er état, avant le nom de l'artiste et le privilége.
Très-belles épreuves.

426 — L'Automne (P. de B. 7). 2 épreuves, dont une du 2e état, avant l'Inscription sur le ciel.
Très-belles épreuves.

EISEN (F.)

427 — Jésus remettant les clefs à Saint Pierre, d'après Rubens.
Très-belle épreuve, plus la contre-épreuve de la même pièce.

ESTORGES (J.)

428 — Jésus en prière au jardin des Oliviers (R. D. t. 3, P. 112).
Très-belle épreuve.

EVERDINGEN (Albert Van)

429 — Les trois Huttes au sommet du rocher (B. 41). — Les deux Hommes sur la terrasse élevée (B. 46). — La Nacelle (B. 52). 3 pièces.
Très-belles épreuves.

FABER (F.-T.)

430 — Recueil de gravures à l'eau-forte par F.-T. Faber. 1807-12. 12 pièces d'une suite de 59.
Très-belles épreuves,

FABER (F.-X.)

431 — Marius à Minturnes (P. de B. 4). — Paysage (8). — Paysage, d'après G. Poussin (9). 3 pièces.
Très-belles épreuves,

FACINI (P.)

432 — Saint François d'Assise (B. 1).
Superbe épreuve.

FALCONE (A.-A.)

433 — Un Apôtre (B. 5). — Le Tombeau d'un homme de lettres (B. 13). Original et copie du 1er état, avant la lettre. 3 pièces.
Très-belles épreuves.

FALDA (J.-B.)

434 — Une Fontaine (B. 15). — Vue de l'église Saint-Thomas de Villeneuve, non décrite. 2 pièces.
Très-belles épreuves.

FALDONI (J.-A.)

435 — Un Vieillard promettant à un jeune Homme une couronne de fleurs, pour prix du jeu de la flûte, d'après le Parmesan. 2 épreuves, dont une avant toutes lettres.

FARINATI (Paul)

436 — Saint Jean l'Evangéliste (B.3), 2 épreuves, dont une du 1er état, avant l'adresse.
Très-belles épreuves.

FARINATI (H.)

437 — La Sainte Vierge (B.3). — Saint Charles-Borromée, d'après Cantarini, par Ferroni (B. 6). 2 pièces.
Très-belles épreuves.

FATOURE et G. GIOVANE

438 — Les Disciples d'Emmaüs, d'après Michel-Ange de Caravage (R. D. 2). — La Descente du Saint-Esprit, d'après Dubreuil (4). 2 pièces.
Très-belles épreuves.

FAUCHIER (L.)

439 — Portrait d'un inconnu, gravé en manière noire.
Très-belle épreuve.

FERDINAND

440 — Des Amours combattant, d'après le Primatice.
Très-belle épreuve.

441 — Portrait de Nicolas Poussin.
Superbe épreuve.

FEUCHÈRE (J.)

442 — La Vierge et l'Enfant Jésus entourés de cinq Saints.
Très-belle épreuve.

FIALETTI (O.)

443 — La Sainte Vierge (B. 1). — Vénus (B. 21). — Angélique et Médor (B. 33). 3 pièces.
Très belles épreuves.

444 — Les Noces de Cana, d'après le Tintoret (B. 2).
Très-belle épreuve du 1er état, avant l'adresse : in Bassano il Remondini.

FICQUET (Étienne)

445 — Ariosto (Lodovico) (F. 4).
Très-belle épreuve avant la lettre.

446 — Portrait de Cicéron, d'après Rubens (Faucheux 32).
Très-belle épreuve.

447 — Crébillon (Prosper Jolyot de), d'après Aved (F. 37).
Très-belle épreuve.

448 — Descartes (René) (F. 39).
Très-belle épreuve.

449 — Eisen (Charles), dessinateur du roi (F. 51).
Très-belle épreuve.

FICQUET (ÉTIENNE)

450 — La Fontaine (Jean de), de l'Académie française (F. 61).

Très-belle épreuve, dite dans cet état, au ruisseau blanc.

451 — Le même Personnage (F. 62).

Superbe et très-rare épreuve du 2e état, avant la bordure, avec le nom du personnage et des artistes ; la tablette où est le nom du personnage est blanche.

452 — Le même Portrait.

Très-belle épreuve du 4e état. Dans cet état, il se trouve dans le premier volume des contes ; édition des fermiers généraux.

453 — Louis XV, roi de France (F. 91).

Superbe épreuve d'une pièce très-rare.

454 — Françoise d'Aubigné, marquise de Maintenon (F. 93).

Très-belle épreuve, imprimée sur papier double.

455 — Van der Meulen (A.-F.) (F. 96).

Superbe épreuve avant toutes lettres.

456 — Mignard (P.), peintre (F. 99).

Très-belle épreuve.

457 — Molière (Jean-Baptiste Poquelin de) (F. 101).

Très-belle épreuve.

458 — Montaigne (Michel de) (F. 102).

Superbe épreuve avant les noms des artistes.

459 — Pope (Alexandre), poète anglais (F. 146). Ce portrait est dans un médaillon placé vers le bas de la feuille et orné d'une guirlande de fleurs.

Superbe épreuve.

460 — Rousseau (J.-J.).

Très-belle épreuve avant les noms des artistes.

461 — Voltaire (François-Marie Arouet de) (F. 162).

Très-belle épreuve.

462 — Vildens (J.), peintre (F. 171).

Superbe épreuve du 2e état.

FIESINGER (G.)

463 — Kléber, d'après J. Guérin.
  Très-belle épreuve.

FIORI (C.)

464 — Composition allégorique relative au nom de *Manfred Settalla*. 2 épreuves, dont une avec du texte latin au verso.

FLAMEN (ALBERT)

465 — Diverses espèces de Poissons de mer, 1ʳᵉ partie. Suite de 12 pièces (R. D. 415-420).
  Très-belles épreuves.

466 — Troisième partie des Poissons de mer Suite de 12 estampes (R. D. 439. 450).
  Très-belles épreuves du 2ᵉ état.

467 — Seconde partie des Poissons d'eau douce. Suite de 12 pièces (R. D. 463. 474).
  Très-belles épreuves.

FLIPART (J.-J.)

468 — Allégorie relative aux arts du dessin, d'ap. Boucher.
  Très-belle épreuve.

FOCUS (G.)

469 — Paysage (R. D. 2).
  Très-belle épreuve du 3ᵉ état.

FONTAINE (J.-B.)

470 — Paysage, d'après un dessin de J.-M. Grobon.
  Très-belle épreuve.

FONTANA (G.-B.)

471 — L'histoire de Romulus et de Rémus. Suite de 27 estampes (B. 24-50).
  Très-belles épreuves.

FONTEBASSO (F.-S.)

472 — L'Apparition de la Sainte Vierge à Saint Jérôme
et au pape Saint Grégoire, d'après S. Ricci.
Très-belle épreuve.

FORBIN (le comte DE)

473 — Paysage; une rivière venant de la droite baigne
tout le devant. — Titre gravé par G.-M. de Fontanieu.
2 pièces.
Très-belles épreuves.

FORNAZERIS (J.)

474 — Titre d'un livre où est représenté Louis XI en
buste.
Très-belle épreuve.

FOULQUIER (J.-F.)

475 — Paysage; à droite des rustres et des animaux passent un gué.
Très-belle épreuve tirée avant que la planche n'ait été terminée à
l'aqua-tenta.

FRAGONARD (HONORÉ)

476 — L'Armoire (P. de B. 2).
Superbe épreuve avant toute lettre. Rare.

477 — Bacchanales. Suite de 4 pièces (P. de B. 6-9).
Superbes épreuves.

478 — Le numéro 2 de la suite précédente.
Très-rare épreuve avant la planche nettoyée.

479 — Les deux Femmes sur les nues (P. de B. 22). —
Antoine et Cléopâtre à table (23). — 2 pièces
Très-belles épreuves du 1er état avant le numéro.

FRANCO (B.)

480 — Hercule debout, décochant une flèche sur le centaure Nessus qui enlève Déjanire (B. 40).
    Très-belle épreuve avant le nom du maître, plus Pâris recevant de Mercure la pomme qu'il doit donner à la plus belle, par Frezza. Deux pièces.

FRANÇOIS (J.-Ch.)

481 — Louis-Auguste de France, en habit de dragon (Louis XVI encore dauphin), d'après Aubry.
    Très-belle épreuve au crayon rouge. Rare.

FRANÇOYS (Simon)

482 — La Madeleine pénitente R. D. 1), 1er état. — Saint Sébastien (2). 2 pièces.
    Très-belles épreuves.

FRATREL (J.)

483 — Le Songe de Saint Joseph (P. de B. 1), d'après L. Krahe.
    Très-belle épreuve.

FREDOU (J.-M.)

484 — La Source des Grâces (P. de B. t. 1. P. 83).
    Très-belle épreuve du 2e état.

FREMINET (Martin)

485 — La Vierge et l'Enfant Jésus (R. D. t. 8, p. 171).
    Très-belle épreuve.

FRICQUET (Jacques-Claude)

486 — Sainte Élisabeth présentant Saint Jean Baptiste à l'Enfant Jésus. — Sainte Famille. 2 pièces.
    Très-belles épreuves.

FROSNE (M.)

487 — Un jeune Homme, en habit de docteur, s'avance vers le premier président au Parlement de Provence, Jean de Mesgrigny, et lui présente sa thèse.
Très-belle épreuve.

FURINI (Fr.)

488 — Diane se baignant avec ses Nymphes. Pièce gravée à l'eau-forte.
Très-belle épreuve.

GABBINI (A.-D.)

489 — Buste de jeune Homme (B. 3).—Le corps de Saint Pierre et de Saint Paul dans le même sépulcre, par G.-B. Gaetano. 2 pièces.
Très-belles épreuves.

GALESTRUZZI (G.-B.)

490 — La Sainte Famille, pièce non décrite. — La Pentecôte (B. 1). — Les Statues de trois anciens Romains (B. 52). 3 pièces.
Très-belles épreuves.

491 — Différents sujets de l'histoire romaine. Suite de 6 estampes. (B. 3-8).
Très-belles épreuves.

492 — Apollon et Diane perçant de flèches les enfants de Niobé (B. 16. 20). Suite de 5 estampes.
Très-belles épreuves du 2ᵉ état avant l'adresse d'Arnold Van Westerhout. Elles portent au verso la signature de P. Mariette.

GAILLARD (P.-J.-L. de), baron de Lonjumeau

493 — Pièces relatives à la ville d'Aix en Provence. 20 pièces, dont une double avant la lettre.
Très-belles épreuves.

GALLE (C. et T.)

494 — Le Baptème de Sainte Prisque par Saint Pierre.
— Clélie trasversant le Tibre. — Intérieur d'appar-
tement au milieu duquel plusieurs femmes travail-
lent, par Furniers, d'après Stradan 2 pièces.
Très-belles épreuves.

GAMELIN (J.), le Père

495 — Combat de cavalerie.
Très-belle épreuve.

GANIÉRES (Jean)

496 — Les Doneurs, d'après Valentin.
Très-belle épreuve.

GARNIER (Antoine)

497 — La Vierge, Sainte Catherine et les Saints Enfants,
d'après J. Blanchard (R. D. 18).
Très-belle épreuve.

GATTI (O.)

498 — Saint Roch (B. 30). — L'enlèvement de Proser-
pine par G. Gandolfi, etc. 3 pièces
Très-belles épreuves.

GELÉE (Claude), dit LE LORRAIN

499 — La Fuite en Égypte (R. D. 1).
Très-belle épreuve du 1er état.

500 — Le Passage du Gué.
Superbe épreuve du 1er état.

501 — Le Bouvier (R. D. 8).
Superbe et rare épreuve du 2e état.

502 — Le Dessinateur (R. D. 9).
Très-belle épreuve du 2e état.

GELÉE (Claude), dit **LE LORRAIN**

503 — La Danse sous les arbres (R. D. 10).
Superb épreuve du 2e état.

504 — Scène de Brigands (R. D. 12).
Belle épreuve du 3e état.

505 — Le Port de mer à la Grosse-Tour (R. D. 13).
Superbe épreuve du 2e état.

506 — Le départ pour les champs (R. D. 16).
Superbe épreuve du 2e état.

507 — Mercure et Argus (R. D. 17).
Superbe épreuve du 1er état.

508 — Le Chevrier (R. D. 19).
Très-belle épreuve du 2e état. Rare.

509 — Le Temps, Apollon et les Saisons (R. D. 20).
Très-belle épreuve du 1er état. Rare.

518 — L'Enlèvement d'Europe (R. D. 22).
Très-belle épreuve du 1er état.

511 — Le Campo Vaccino (R. D. 23).
Très-belle épreuve.

512 — Etude d'une Scène de Brigands (R. D. 39).
Très-belle épreuve.

513 — Les deux Paysages (R. D. 40).
Très-belle épreuve.

514 — La Femme assise (R. D. 41).
Très-belle épreuve.

515 — L'Arabesque (R. D. 42).
Très-belle épreuve.

GENOELS (A.)

516 — Le grand chemin le long des rochers (B. 38). —
L'Homme assis au pied de l'arbre (B. 44). 2 pièces.
Très-belles épreuves.

GÉRARD (Mlle M.)

517 — L'Enfant et le Bouldogue (P. de B. 2). — Le Parc,
d'après Fragonard. 2 pièces.
Très-belles épreuves.

GESSNER (S.)

518 — Paysages avec des figures mythologiques. Suite
de 10 pièces numérotées dans la marge du bas à
droite.
Très-belles épreuves.

519 — Paysages dédiés à M. Watelet. Gravés en 1764.
Suite de 10 pièces numérotées au milieu de la marge
du bas.
Très-belles épreuves.

GHERARDI (A.)

520 — Le Martyre de sainte Martine (B. 1-6). Suite de
6 pièces.
Très-belles épreuves.

GHISI (ADAM)

521 — Bacchanale (B. 24).
Très-belle épreuve.

GHISI (DIANA)

522 — Saint Attinie et sainte Greciniane à genoux
(B. 25).
Superbe épreuve.

523 — Les Archanges saint Michel, Gabriel et Raphaël
adorant Jésus-Christ (B. 31).
Superbe épreuve du 1er état, avant les lettres R. V. I.

524 — Aspasie discourant à table avec Socrate et un
autre philosophe, qui paraissent étonnés de la force
de son caractère (B. 32).
Superbe épreuve.

GHISI (Diana).

525 — Latone mettant au monde Apollon et Diane dans l'île de Délos (B. 39).

> Magnifique épreuve avant toute adresse, plus une épreuve du 3ᵉ état.

526 — Un Charlatan tenant des couleuvres et des serpents (B. 44).

> Superbe épreuve du 1ᵉʳ état, avant toute adresse.

GHISI (J.-B.)

527 — La Vierge debout sur un croissant (B. 4).

> Superbe épreuve.

GHISI (G.)

528 — Le Mariage de sainte Catherine, d'après le Corrége (B. 11).

> Très-belle épreuve du 1ᵉʳ état, avant que les lettres G. M. F. aient été effacées.

529 — Caïus Marius assis dans les prisons de Minturne, en impose aux soldats envoyés pour le tuer (B. 26).

> Superbe épreuve.

530 — Vénus embrassant Adonis au retour de la chasse, d'après T. Ghisi (B. 42).

> Superbe épreuve du 1ᵉʳ état, avant l'adresse de Van Aelst.

GIGNOUX (E.-P.)

531 — Le Soir, grand paysage en largeur.

> Très-belle épreuve.

GIBELIN (A.-E.)

532 — Son Œuvre en 68 pièces, dont 22 non décrites par P. de Beaudicourt, plusieurs sont doubles en différents états.

> Très-belles épreuves. Ce lot pourra être divisé.

GILLOT (Cl.)

533 — Le Songe de saint Joseph.
  Très-belle épreuve.

534 — Feste de Bacchus. — Feste du dieu Pan. — Feste
  de Diane. 3 pièces.
  Superbes épreuves du 1er état, avant les vers.

535 — Feste de Diane. Épreuve du 2e état avec l'adresse
  de Rochefort, plus une épreuve du 3e état avec
  l'adresse de Larmessin.

536 — Quatre personnages de la Comédie italienne au-
  devant d'une auberge. — Scaramouche faisant le
  portrait d'Arlequin. — Colombine avocat pour et
  contre. 3 pièces.
  Superbes épreuves avant toute lettre.

537 — Colombine avocat pour et contre. — Arlequin
  esprit follet. 2 pièces.
  Très-belles épreuves.

GIORDANO (Lucas)

538 — La Femme accusée d'adultère (B. 5).
  Très-rare épreuve avant l'adresse de F. Palmieri.

GIRODET (A.-L.)

539 — Portrait de M. Châtillon, élève et ami de Girodet
  (P. de B. T. 2 P. 327).
  Très-belle épreuve.

GISSEY (Henri)

540 — Portrait de Scaramouche (R. D. T. 4 P. 22).
  Très-belle épreuve.

GLAUBER (J.-G.)

541 — L'Arbre fracassé par l'ouragan, d'après Guaspre
  Poussin (B. 2).
  Très-rare épreuve à l'eau-forte pure.

GLAUBER (J.-G.)

542 — La même estampe.
Très-belle épreuve.

GOIS (E.-P.-A.)

543 — Suite de 4 sujets en hauteur, tirés de la Bible (P. de B. 1. 4).
Superbes épreuves. Le n° 1 est double et à l'eau-forte pure.

GOLTZIUS (A.)

544 — Portrait de P. Forestus, docteur en médecine (B. 169).
Très-belle épreuve.

545 — Adam et Ève, d'après Spranger (B. 271).
Superbe épreuve; elle porte au verso la signature de P. Mariette, 1664.

GOUDT (Henri, comte de)

546 — Cérès changeant Stellion en lézard.
Superbe épreuve; elle porte la signature de P. Mariette, 1664.

547 — L'Ange Raphaël accompagnant Tobie.
Très-belle épreuve.

548 — Jupiter et Mercure chez Philémon et Baucis.
Très-belle épreuve.

549 — L'Aurore.
Très-belle épreuve avant le nom du peintre.

GOUY (A.-M.-D.)

550 — L'Essai du corset, d'après P. A. Wille.
Très-belle épreuve.

GOYRAND (A.-G.)

551 — Artémise pleurant sur le tombeau de Mausolée.
Très-belle épreuve.

GRAVELOT (D'après))

552 — Un jeune homme entre dans une chambre où une jeune femme est couchée dans un lit et paraît fort surpris d'apercevoir un homme caché au pied du lit de la dame. Gravé par Pasquier.

Très-belle épreuve.

GRÉGOIRE (G.)

553 — Suite de 12 estampes dessinées et gravées pour orner le livre de G. Grégoire, intitulé : Explication des cérémonies de la Fête-Dieu d'Aix en Provence.

Très-belles épreuves.

554 — Portrait de René d'Anjou, roi de Jérusalem, de Sicile, comte de Provence.

Très-belle épreuve.

GREUZE (J.-B.)

555 — Étude de neuf petites têtes, deux pieds et deux mains dont une tient un chat. Étude de tête par Ingouf. 2 pièces.

Très-belles épreuves.

GREVENBROECK (Cu.-L.)

556 — Suite de 12 estampes, le titre compris, représentant des marines et des paysages arrosés par des fleuves.

Très-belles épreuves.

GRIMALDI (G.-F.)

557 — Les deux hommes sur la butte (B. 12). — Les trois hommes jouant aux dés (B. 38). — Les deux hommes debout près de la femme assise (B. 25). — La Tour crénelée (B. 17). 4 pièces dont 2 du 1er état, avant le mot An. Carac.

GROBON (J.-M.)

558 — Vue du Pigeonnier de la Roche-Cardon, près de Lyon. — Vue de l'église de Saint-Rambert, à une lieue de Lyon. — Vue de l'île Barbe, à une lieue de Lyon. — Intérieur de la forêt de Roche-Cardon, près de Lyon. 4 pièces dont 2 sur papier de Chine. Très-belles épreuves.

559 — Vue de Lyon, prise du quai St-Antoine. Très-belle épreuve.

560 — Jeune homme représenté à mi-corps, vu de face et éclairé par la droite. Très-belle épreuve.

GUASPRE-POUSSIN

561 — Paysage en travers (B. 6 R. D. 6). — Paysage en travers (B. 8 R. D. 8). 2 pièces. Très-belles épreuves.

GUÉR   (C.)

562 — Portrait de F. Xavier Richter, maître de chapelle de la cathédrale de Strasbourg. Très-belle épreuve.

GUÉROULT-DU-PAS

563 — Vue d'une maison sur le bord de la Seine, dite le *Port-à-l'Anglois*, aux environs de Paris, au-dessus de Charenton. Très-belle épreuve.

GUICHARDOT (Mᵉ François)

564 — Paysage gravé à l'eau-forte. Très-belle épreuve. Rare.

GUICHON

565 — Paysage, à la gauche du devant deux moutons se reposent.
Très-belle épreuve.

GUIDI (Rafaello)

566 — Saint Jérôme dans le désert, d'après Palma. — Des soldats romains conduisant un prisonnier devant leur général, par G. T. Guidi. 2 pièces.
Très-belles épreuves.

GUILLAIN (S.)

567 — Titre et 2 pièces de la suite de 20 relatives à la vie de saint Diego. 3 pièces.
Très-belles épreuves.

HALLÉ (Noel)

568 — Antiochus renversé de son char. — Antiochus dictant ses dernières volontés (P. de B. 1 et 2).
Très-belles épreuves du 2e état.

HAMMAN (Mr E.-J.C.)

569 — Portrait de Alex. Farnèse, gravée à l'eau-forte.
Très-belle épreuve du 1er état.

HEINCE (Zacharie)

570 — Bacchanale d'enfants (R. D. 2).
Très-belle épreuve.

HERHAN

571 — Kleber et Desaix. 2 portraits.
Très-belles épreuves.

HOEDT (G.), Graveur en manière noire

572 — Un grand paysage dans le goût du Poussin.
Très-belle épreuve.

HOLLAR (W.)

573 — Paysage dans le fond, des chaumières entourées
d'arbres, d'après Breughel.
Très-belle épreuve.

574 — Un manchon entouré d'un ruban.
Superbe épreuve.

575 — Henriette de France, reine d'Angleterre, d'après
Van Dick.
Très-belle épreuve.

HOODGHE (R. de)

576 — Vignettes. 4 pièces.
Très-belles épreuves.

HOUBRAKEN

577 — Un Satyre embrassant une Nymphe. — Le Fla-
mand, par Kitenstein. 2 pièces.
Très-belles épreuves.

HUET (J.-B.)

578 — Le Départ du fermier. — Le Retour de la fer-
mière. 2 pièces se faisant pendant.
Superbes et premières épreuves à l'eau-forte pure.

579 — Pastorale. Un jeune Berger vu de dos, un âne et
des moutons dans une campagne.
Superbe épreuve.

HUQUIER (Père et Fils)

580 — Le Bouffon d'après Watteau. — La Caravane. —
Pastorale, d'après Boucher. — Figure académique
d'homme, d'après Natoire. 4 pièces.
Très-belles épreuves.

HURET (G.)

581 — Les quatre Évangélistes. — Jésus au milieu de saint Paul et saint Augustin. — L'abbé Suger aux pieds de la sainte Vierge. — La France protectrice de l'Architecture. 4 pièces.
Très-belles épreuves.

582 — Portrait d'un Abbé.
Très-belle épreuve.

HUTIN (Ch.)

583 — Une Fontaine. — Choc de cavalerie, d'après Casanova (P. de B. 21-36). 2 pièces.
Très-belles épreuves.

IMPÉRIALE (G.)

584 — La sainte Vierge (B. 1). — La sainte Vierge (B. 3). 2 pièces.
Superbes épreuves.

JODE (P. de)

585 — Jean Snellinx, d'après Van Dyck.
Superbe épreuve du 1er état, avant le nom du graveur et avant les deux lignes de texte au-dessous du nom du personnage.

JACQUART

586 — Une Bataille. — Promenade de l'Empereur et de S. A. R. 2 pièces.
Très-belles épreuves.

JACQUE (Ch.-E.)

587 — Animaux et Paysages. 5 pièces.
Très-belles épreuves.

JANELLY (H.)

588 — Les Voyageurs. — L'Enfance, d'après Ch. Gillot,
par Joullain. 2 pièces.

Très-belles épreuves.

JEGHERS (CHR.)

589 — Portrait du frère de Rubens, gravé en clair-
obscur, d'après Rubens.

Très-belle épreuve du 1ᵉʳ état, avec le nom de Rubens.

JORDAENS (J.)

590 — Fuite en Égypte.

Très-belle épreuve.

JOYANT (J.-R.)

591 — Eglise de Santa Maria della Salute, sur le grand
canal à Venise. Pièce gravée à l'eau-forte.

Superbe épreuve imprimée sur papier de soie.

JULIEN (S.)

592 — La Sainte Famille servie par les Anges. — Flore
et Zéphire. — Planche d'étude faite à Rome en 1764
(P. de B. 3-6-7). 3 pièces.

Très-belles épreuves.

JULIENNE (J.-B. de)

593 — Jeune homme debout jouant de la vielle. — Buste
de guerrier dont la tête porte un casque orné de
plumes. 2 pièces.

JURAMY (P.-J.)

594 — Champion de Cicé (J. M.), archevêque d'Aix et
d'Arles.

Très-belle épreuve.

KOOGEN (L. Vander)

595 — Saint Bavon (B. 3).
Très-belle épreuve d'une pièce rare.

LA FAGE (N. de)

596 — La Vierge et l'enfant Jésus (R. D. 3).
Très-belle épreuve du 1er état, avant l'adresse de Mariette.

597 — Bacchanales et sujets divers. 4 pièces, plus la sainte famille par J. Van Merlen. d'après Lafage.
Très-belles épreuves.

LAFLEUR (N.-G. de)

598 — Quatre pièces de son œuvre dont le frontispice représentant le portrait du maître.
Très-belles épreuves.

LAGRENÉE (J.-J.)

599 — La Vierge et l'enfant Jésus (P. de B. 12). — Saint Jérôme (17). — Apparition d'un Ange à une sainte femme (17) — Sacrifice au dieu Pan (23). — Le Vieillard russe (33). — L'Amour désarmé (43). 6 pièces
Très-belles épreuves.

600 — Fragments d'antiquités (P. de B. 26).
Très-belle épreuve.

LA HAYE (Ch. de)

601 — Deux sujets de sainte Famille, sur une même feuille.
Très-belle épreuve.

LA HYRE (L. de)

602 — La Vierge (R. D. 9). — Le Bouquet d'arbres. (32). — Le Sarcophage. (34). — Saint Paul. (45). — Diane. (22). 5 pièces.
Très-belles épreuves,

LA LIVE (A·-L·)

603 — Cabane rustique, d'après Boucher. — Paysage.
2 pièces.
Très belles épreuves.

LALLEMAN (G.)

604 — Jésus-Christ ressuscitant Lazare. 2 épreuves dont
une à l'eau-forte pure. Très-rare.

LA MARE (Richart de)

605 — Têtes de fantaisie, suite de 16 pièces dont nous
n'avons que 9 (R. D. 3. 18.)
Très-belles épreuves.

LAMARE

606 — Portrait de Jacques de Matignon, évêque de Con-
dom, lorsqu'il était abbé.
Très-belle épreuve.

LANA (L.)

607 — La Vierge embrassée par l'Enfant-Jésus. (B. 3). —
Scène de Théâtre, par Juvarra. 2 pièces.

LANDRY (P.)

608 — Enée portant sur ses épaules son père Anchise,
d'après F. Baroche.
Très-belle épreuve.

LANOUE (H.-G.)

609 — Paysage gravé à l'eau-forte.
Très-belle épreuve sur papier de Chine.

LANTELME (P.-B.)

610 — Quatre soldats, dans le goût de Salvator Rosa. —
Le Sanglier tué, d'après F. Silvestre. 2 pièces.
Très-belles épreuves.

LA RUE (L. de)

611 — Le Marchand de chansons. — Bacchanale. — Sujet militaire. 3 pièces gravées à l'eau-forte.
Très-belles épreuves.

LASNE (MICHEL)

612 — La sainte Vierge assise dans un paysage. — La sainte Vierge apparaissant à saint Antoine. 2 pièces, d'après S. Vouet.
Très-belles épreuves.

613 — Pierre de Marca, d'après Du Moustier. — P. Stephanus Binet, d'après Le Brun. — F. Niceron. 3 pièces.
Très-belles épreuves.

614 — Richelieu (Armand Du Plessis, cardinal de), dans un médaillon. Petit portrait rare.
Très-belleépreuve.

615 — Jeune homme debout, jouant du tambour, d'après A. Bosse.
Très-belle épreuve.

LAURENT (L.-J.)

616 — Sainte Famille et saint Jean-Baptiste.
Très-belle épreuve.

617 — Ornements d'église. 3 pièces.
Très-belles épreuves.

LAVALLÉE-POUSSIN (E. de)

618 — Un Ange apparaissant à un solitaire. 3 épreuves de différents états, dont une à l'eau-forte pure. — Sainte Madeleine dans le désert. 4 pièces.
Très-belles épreuves.

LAUTENSACK (H.-S.)

610 — Paysage représentant une cabane fermée par une haie et entourée de beaucoup d'arbres. (B. 32).
Très-belle épreuve.

LE BAS (J.-Ph.)

620 — L'Alliance de Bacchus et de Vénus, d'après Coypel.
Très-belle épreuve.

LEBEAU

621 — Madame la comtesse Du Barry, dans un ovale entouré d'ornements et de roses.
Très-belle épreuve, imprimée en rouge.

LE BLOND (M.)

622 — Suzanne et les vieillards. — Un Bal de noces. 2 pièces de forme ovale, entourées d'ornements.
Très-belles épreuves.

LE BRUN (Ch.)

623 — Les quatre Heures du jour, suite de 4 estampes (R. D. 4-7).
Très-belles épreuves. Le n° 5 est double et est du 1er état, avec l'adresse de Ciartres. En tout 5 pièces.

LECERF

624 — Louis XVIII roi de France, petit portrait entouré d'ornements, d'après Choquet.
Très-belle épreuve.

LECLERC (J.)

625 — Le Repos en Egypte (R. D. 1).
Superbe épreuve du 1er état.

LE CLERC (S.)

526 — L'Entrée d'Alexandre dans Babylone.
Superbe épreuve avec la tête du héros vue de profil.

527 — L'Académie des Sciences et des Beaux-Arts. Avant et avec la lettre.
Superbes épreuves, celle avant la lettre est avant grand nombre de travaux.

528 — Multiplication des pains. — Allégorie relative aux Beaux-Arts. — Tobie sur le bord du Tibre, tirant à lui le poisson. 2 épreuves dont une avant grand nombre de travaux. 4 pièces.
Très-belles épreuves.

529 — Le Labyrinthe de Versailles. 10 pièces.
Epreuves du 1er état, avant les numéros.

LE FEBURE (Cl.)

630 — Portrait de Charles Patin (R. D. 3).
Superbe épreuve d'un état antérieur au premier décrit ; elle es avant divers travaux, notamment à la perruque, et avant que là verrue sur la joue gauche du personnage n'ait été enlevée.

631 — Le même portrait.
Très-belle épreuve du 1er état décrit.

LEFÉVRE (F.)

632 — Paysage animé de figures et d'animaux, dans le goût de Berghem.
Très-belle épreuve.

LEFEBVRE (Valentin)

633 — Le Triomphe de Venise. Grande estampe en deux feuilles, d'après P. Véronèse.
Très-belle épreuve.

634 — Sainte Famille.
Très-belle épreuve.

LE GRAY (J.-L.)

635 — Ruines avec figures. Suite de 4 estampes.
Très-belles épreuves.

LE LORRAIN (L.-J.)

636 — La mort de Cléopâtre, d'après de Troy.
Superbe épreuve tirée avant beaucoup de travaux dans toutes les parties de la composition, notamment les contre-tailles perpendiculaires et diagonales sur le tapis, au-dessous du bras droit de Cléopâtre.

LÉLU (P.)

637 — Abel et sa femme priant pour leur père (P. de B. 1).
— La Vierge sur un nuage. (12). — 2 pièces.
Très-belles épreuves.

638 — Allégorie à la mémoire de Henri IV (P. de B. 25).
Très-belle épreuve du 2e état.

LE MAIRE (P.)

639 — Pâris, admis à la table du roi Ménélas, voit la belle Hélène et en devient amoureux (R. D. 9). — Durant le siége de Troie, Vénus enlève Pâris du combat où Ménélas l'allait vaincre. (12). 2 pièces.
Très-belles épreuves.

LEMERCIER (A.)

640 — Saint Jean dans le désert (R. D. 1).
Superbe épreuve avant les changements et le n° 24, plus une épreuve avec les changements et le numéro.

641 — Dessin de la statue de Henri IV, érigée à saint Jean de Latran en 1608 (R. D. 2).
Superbe épreuve.

LE MIRE (N.)

642 — Le Gâteau des rois (le partage de la Pologne).
Superbe épreuve.

LE MOYNE (J.)

643 — Paysage gravé à l'eau-forte.
Très-belle épreuve.

LEMPEREUR (L.-S.)

644 — Portrait de Marguerite Le Comte, d'après Watelet.
Charmant petit portrait.
Superbe épreuve.

LEMPEREUR (Père et Fils)

645 — Départ de Jacob de chez Laban. — Paysage vue
d'une ferme, sur le premier plan un ruisseau. 2 pièces.
Très-belles épreuves.

LENFANT (J.)

646 — Portrait d'un prélat.
Très-belle épreuve.

LEPAUTRE (J.)

647 — Sujets religieux et mythologiques. — Paysages et
ornements. 16 pièces dont quelques-unes très-rares.
Très-belles épreuves.

648 — Vases en largeur et en hauteur, ornements pour
portes, etc. 18 pièces.
Très-belles épreuves.

649 — Homme estant à la promenade, jouant de la mando-
line.
Très-belle épreuve.

LE PRINCE (J.-B.)

650 — Deuxième suite d'habillements des Femmes de
Moscovie. Suite de 6 estampes.
Très-belles épreuves.

651 — Paysage avec grandes fabriques, à gauche, une
jeune Femme tenant une cruche de la main droite.
Trés-belle épreuve.

LEROUX (L.)

652 — Le Triomphe d'Amphitrite (R. D. 19).
Très-belle épreuve.

LE SUEUR (E.)

653 — Sainte Famille à mi-corps (R. D. t. 2).
Très-belle épreuve du 2e état avec l'adresse de F. Bourlier.

LE SUEUR (L.)

654 — Vue des environs de Corbeil. — Vue d'un Moulin
près de Saint-Mandé. 2 pièces.
Très-belles épreuves.

LEVIEUX (R.)

655 — Sainte Famille (R. D. t. 8 p. 273).
Très-belle épreuve.

LEU (Thomas de)

656 — Henri IV, roi de France (R. D. 400).
Superbe épreuve.

657 — Luillier (Jean), conseiller d'État, maître des
comptes, prévôt des marchands de Paris (R. D. 447).
Superbe épreuve du 1er état.

LEUW (G. Vander)

658 — Une Femme conduisant un troupeau.
Très-belle épreuve.

LEVIS (B.) et PLIMMER (J.)

659 — Étude de douze têtes sur la même feuille. —
Paysages animés de figures. 3 pièces.
Très-belles épreuves.

LEYS, MOLYN, NOTER (M^{rs})

660 — Escalier de la maison hydraulique à Anvers. — Église gothique. — Nature morte, petit paysage, par Porter, 1841. 4 pièces gravées à l'eau-forte.
Très-belles épreuves.

LIAGNO (T.-Ph.)

661 — La Nymphe amoureuse du Satyre. (B. 30).
Très-belle épreuve.

LIONI (O).

662 — Différents portraits (B. 9. 12. 13. 14. 18. 35). 7 pièces dont une double du 1er état.
Très-belles épreuves.

LIVENS (J.)

663 — Saint Antoine. (B. 8). Cl. 8.
Très-rare et superbe épreuve d'un état intermédiaire entre le 1er et le 2e état décrits par Bartsich et Claussin. La planche est entièrement terminée et les initiales du maître sont ajoutées au haut de la droite. On lit à la gauche du bas : *Joannes Linius . fecit*, et à droite, l'adresse de Wyngaerde.

LOCHON (R.)

664 — De Thou (Jacques-Auguste), président au parlement de Paris.
Superbe épreuve.

LOIR (A.)

665 — La Vierge, l'Enfant-Jésus et saint Jean, d'après N. Loir. — La sainte Vierge en buste. — Jean-Léonard Secousse, d'après Rigaud. 3 pièces.
Très-belles épreuves.

666 — 6 pièces d'ornements; chacune d'elles est divisée en deux parties, une supérieure et une inférieure.
Très-belles épreuves.

6

LOIR (A.)

667 — Sainte Famille avec saint Jean-Baptiste et sainte
Catherine (R. D. 4). 1er état. — L'Aurore. (17). 2 pièces.
Très-belles épreuves.

668 — Cleobis et Biton (R. D. 6).
Très-belle épreuve.

669 — Paysage (R. D. 45). — Autre paysage faisant pendant au précédent et non décrit, par R. Dumesnil
2 pièces.
Très-belles épreuves.

670 — Panneaux d'ornement (R. D. 47. 54. 82). 3 pièces.
Très-belles épreuves du 1er état.

LOLI (L.)

671 — Sainte Famille, d'après Sirani. (B. 6). — Deux
Amours luttant ensemble. (B. 19). — La Renommée
d'après Sirani. (B. 31).
Trois pièces. Très-belles épreuves,

LOMBARD (P.)

672 — Portrait de N. de La Fond, connu sous le nom du
Gazetier de Hollande, d'après Gascard.
Superbe épreuve.

LORENZINI (G.-A.)

672 — Le jeune Bacchus avec un Enfant qui porte un
vase, d'après le Guide.
Très-belle épreuve.

LOUTHERBOURG (P.-J.)

674 — Les quatre Heures du jour, P. de (B. 13. 16).
Très-belles épreuves du 1er état, avec l'adresse de l'auteur.

LOUTHERBOURG (P.-J.)

675 — La Tranquillité champêtre (P. de B. 19). — La
Bonne petite sœur. (20).

Superbes épreuves du 2e état, avant toute adresse; plus deux
pièces de la suite des Maronites (34-35), en tout quatre pièces.

LUBIN (J.)

676 — Portrait de Richelieu.

Très-belle épreuve.

LUCAS (F.)

677 — Minerve et un génie découvrant les bustes de peintres et sculpteurs célèbres.

Très-belle épreuve.

LUPRESTI (H.)

678 — La Tempête. 2 épreuves dont une du 1er état avant
le nom du maître.

Très-belles épreuves.

LUTMA (J.)

679 — Colonne Trajane à Rome.

Très-belle épreuve du 1er état, avant l'adresse de l'auteur.

LUYKEN (J.)

680 — L'Adoration des bergers, la Mise au tombeau, par
Matham. 2 pièces.

Très-belles épreuves.

MACHY (P.-A. de)

681 — Sujet d'architecture en ruines. — Deux paysages,
par J. Magnan, marquis de La Roquette. 3 pièces.

Très-belles épreuves.

MAITRE ANONYME

De l'École de Marc-Antoine Raimondi.

682 — La Vierge entourée de saints (B. t. XV P. 22 n° 13)
(Passavant t. 6 p. 79).

Bartsch et Passavant n'ont connu que la copie de notre
pièce. Bruliot, qui l'a décrite, pense qu'elle peut être
gravée par Jacopo Francia. (Brulliot dict. 11. 2441).
Estampe de la plus grande rareté. Très-belle épreuve.

MAITRE AU MONOGRAMME (C.-P.-P.)

683 — Bacchanale. (B. 6). Eau-forte, rare.
Très-belle épreuve.

MAITRE AU MONOGRAMME (E.-P.)

Élève du Parmesan.

684 — Une Femme considérant une sphère armillaire
avec beaucoup d'attention. (B. 20).
Superbe épreuve.

MAITRE AU MONOGRAMME (J.-G.)

685 — La Vierge avec l'Enfant-Jésus (R. D. 7).
Superbe épreuve.

MANGLARD (A.)

686 — Le Paysage aux deux palmiers (R. D. 32).
Superbe épreuve avant la lettre, non décrite.

687 — Le Naufrage (R. D. 42)
Superbe épreuve du 1er état, avant la lettre.

MANINI (B.)

688 — Saint Pierre. (B. 2). — Le Moulin à eau, d'après
une estampe de Callot, par B. Lutti. 2 pièces.
Très-belles épreuves.

MANTEGNA (André)

689 — La Sépulture. (B. 3).
Très-belle épreuve d'une pièce la plus capitale du maître. Rare.

690 — La Vierge. (B. 8).
Belle épreuve.

691 — Hercule et Anthée. (B. 16.)
Très-belle épreuve.

692 — Combat de dieux marins. (B. 18).
Très-belle épreuve.

MARCONI (R.)

693 — La Vierge pleurant sur le corps du Sauveur. (B. 1).
Superbe épreuve.

MARATTE (C.)

694 — La Nativité. (B. 1). — L'Annonciation. (B. 2).
2 pièces.
Superbes épreuves d'un état non décrit, avant le nom du maître.

695 — La Nativité. (B. 1). — Jésus adoré par les Anges.
(B. 4). — Le Martyre de saint André, 1er état. 3 pièces.
Très-belles épreuves.

MARCHAND (O.)

696 — Quatre vignettes, d'après Gibelin, faites pour
décorer un vol. du docteur Armstrong.

MARETY (J.)

697 — Titre de livre et arcs triomphaux dressés en la
ville d'Aix à l'arrivée du roi Louis XIII en cette
ville. 3 pièces.
Très-belles épreuves.

MARIESCHI (M.)

698 — Vue du pont du Rialto à Venise.
Très-belle épreuve.

MARIETTE (J.)

699 — Vignette représentant le cinquième acte d'Athalie, — Saint Bernard. — Saint Augustin. — Une Vignette. deux Lettres ornées et un Fleuron avec écusson d'armes, sur une même feuille. 4 pièces.
Très-belles épreuves.

MARSAN (le comte de)

700 — Prise d'une ville. — La bataille de Poultma, par Martin fils. 2 pièces.
Très-belles épreuves.

MARVYE (M.)

701 — Vues et projets pour la place Louis XV, à Paris. 3 pièces.
Très-belle épreuv.

MASSÉ (Ch.)

702 — La Vierge immaculée, d'après le Parmesan (R. D. 21).
Superbe épreuve avant la lettre et le numéro.

MASSÉ (J.-B.)

703 — Portrait d'Antoine Coypel, d'après lui-même (R. D. 4).
Très-belle épreuve.

MASSON (A.)

704 — Brisacier (Guillaume de), secrétaire des commandements de la reine, d'après Mignard (R. D. 15).
Magnifique épreuve du 1er état, avant toutes lettres. Très rare.

705 — Marin Cureau de la Chambre (R. D. 24).
Superbe épreuve du 1er état, avant des contres-tailles sur a joue gauche du personnage.

MASSON (A.)

706 — Louis XIV, roi de France, en pied et en grand costume (R. D. 42).
Très-belle épreuve.

707 — Ormesson (Olivier Le Fèvre d'), conseiller au parlement de Paris et maître des requêtes (R. D. 58).
Superbe épreuve du 1er état. Collection Debois.

708 — Gui Patin, savant médecin (R. D. 59).
Très-belle du 2e état, avant l'adresse du graveur.

MATEI (F.)

709 — Vue d'une Villa aux environs de Rome, charmant paysage à l'eau-forte.
Superbe épreuve. Rare.

MATHAN (Th.)

710 — La sainte Famille entourée de plusieurs figures, d'après Palma le vieux.
Très-belle épreuve avant la lettre.

MATHEUS (A.)

711 — Gentilhomme en costume de l'époque Louis XIII.
Très-belle épreuve.

MAUPERCHÉ (Henri)

712 — Paysages divers (R. D. 8. 13. 18. 21. 24. 27. 33. 46. 48). 10 pièces.
Très-belles épreuves.

MAZZUOLI (F.), dit LE PARMESAN

713 — Judith (B. 1). — 2 épreuves dont une faible à l'eau-forte pure; l'autre superbe.

714 — L'Annonciation (B. 2). 2 épreuves dont une à l'eau-forte pure.

MAZZUOLI (F.), dit **LE PARMESAN**

715 — La Nativité (B. 3). 2 épreuves dont une superbe.
— La sainte Vierge (B. 4). — La Sépulture (B. 5).
4 pièces.
    Très-belles épreuves.

716 — La Sépulture (B. 5).
    Superbe épreuve du 1er état.

717 — La Résurrection (B. 6).
    Superbe épreuve.

718 — La Résurrection (B. 5). — Sainte Thaïs (B. 10).
— Le Berger debout (B. 12). — Les deux Amants
(B. 14). 5 pièces dont une double.
    Très-belles épreuves.

719 — Les deux Amans (B. 14).
    Magnifique épreuve. Rare.

720 — L'Astrologie (B. 15).
    Très-belle épreuve. Rare.

MÉDICIS (MARIE de), Reine de France

721 — Portrait de la Reine à l'âge de 9 ans. Pièce gravée
sur bois (R. D., t. 5, p. 66).
    Superbe épreuve. Rare.

MEISSONNIER (J.-L.-E.)

722 — Le petit Fumeur, charmante petite pièce.
    Superbe épreuve.

723 — Le Rapport. Joli petite eau-forte.
    Très-belle épreuve.

724 — Polichinelle debout.
    Très-belle épreuve.

MELLAN (CL.)

725 — Sujets religieux, titres de Livres, pièces allégo-
riques, etc. 8 pièces.
    Très-belles épreuves.

MELLAN (Cl.)

726 — Figures de Femmes ailées. Entête de page. 2 ornemens.
>Très-belles épreuves.

727 — Portraits de Peyrèse.)—.Habert de Montmor. —
Cl. Rebé, archevêque de Narbonne. — Le père Yves
4 pièces.
>Très-belles épreuves.

728 — Portrait du père Yves; gardien des Capucins.
>Très-belle épreuve avant toutes lettres.

MELDOLA (A.)

729 — Le petit Moïse sauvé du Nil (B. 2).
>Très-belle épreuve.

730 — La Circoncision (B. 13).
>Belle épreuve. Rare.

731 — Saint Simon (B. 48). — Des Baigneuses surprises
par des Satyres, pièce non décrite. 2 pièces.
>Très-belles épreuves.

732 — L'Enfant Jésus dans le berceau entouré de saints
(B. 62).
>Très-belle épreuve du 2ᵉ état.

MELEUN (le comte de)

733 — Un Homme couché sur un lit, tourmenté par les
démons. — Enfant assis, par Denys, d'après Chapron.
2 pièces.

MERCATI (G.-B.)

734 — Le Mariage de sainte Catherine, d'après le Corrège (B. 3). — Sainte Bibiane refusant de sacrifier
aux divinités payennes (B. 5). La Décollation de saint
Jean-Baptiste (B. 2). — Saint Antoine de Padoue.
(B. 6). 4 pièces.
>Très-belles épreuves.

MERCURY (Paola)

735 — Les Moissonneurs dans les marais Pontins, d'après L. Robert.

Superbe épreuve avant la lettre, seulement les noms du graveurs et de l'imprimeur à la pointe.

MERYON (Ch.)

736 — Le petit Pont.

Superbe épreuve du 1er état, terminé avant toute lettre.

737 — La Tour de l'Horloge.

Superbe épreuve du 1er état, avec les initiales C. M.

738 — La Pompe Notre-Dame.

Superbe épreuve du 2e état, le 1er est à l'eau-forte pure.

739 — Saint-Étienne-du-Mont.

Superbe épreuve du 1er état terminé, avec les initiales C. M.

740 — Le Stryge.

Superbe épreuve du 1er état, avec deux vers au bas du sujet, sur papier du Japon. Très-rare.

741 — Le Pont-Neuf

Superbe épreuve du 1er état, avant les vers.

742 — L'Arche du pont Notre-Dame.

Superbe épreuve du 2e état, avant les initiales C. M. dans l'angle supérieur.

743 — Partie de la Cité de Paris, vers la fin du XVIIIe siècle.

Superbe et très-rare épreuve, avant le ciel terminé à gauche et avant l'inscription sur la tablette au-dessus des pignons, à droite; elle est sur papier de Chine.

744 — Vue du grand Châtelet, à Paris.

Très-rare épreuve avant toutes lettres.

745 — La même estampe.

Très-belle épreuve avec la lettre.

746 — Vue du Ministère de la Marine.

Rare épreuve avant la lettre.

MERYON (Ch.)

747 — Bain froid Chevrier, dit de l'École.
Très-belle épreuve.

748 — La salle des Pas-Perdus, d'après Ducerceau.
Superbe épreuve. Rare.

749 — San Francisco.
Superbe épreuve. Rare.

750 — Vue du Collége Henri IV.
Superbe épreuve sur papier de Chine, avec la légende en six lignes.

751 — La même pièce.
Épreuve avec la légende effacée.

752 — Rue des Chantres, 1852.
Très-belle épreuve.

753 — Passerelle du Pont-au-Change, après l'incendie de 1621, d'après un dessin de la collection Bonnardot.
Très-belle épreuve avant la lettre.

754 — Océanie. Ilots à Uvea (Wallis). Pêche aux Palmes.
Très-belle épreuve.

755 — Rébus. Ci-gît la Vendenta. — Béranger ne fut véritablement fort, car il n'eut jamais la clef des champs. 2 pièces.
Très-belles épreuves.

MESLIN (Ch.)

756 — Ex-voto (R. D. 1). Seule pièce gravée par ce maître.
Très-belle épreuve.

MEUNIER (L.)

757 — Vues du Palais, jardins et fontaines d'Arangouesse. Suite de 10 estampes (R. D. 56-65).
Très-belles épreuves du 3e état.

MICHEL (J.)

758 — Saint Agricol, évêque et patron d'Avignon. Pièce
pour un titre de livre.
Très-belle éppeuve avant le texte.

MIGNARD (P.)

759 — Sainte Scholastique (R. D., t. 1, p. 109).
Superbe épreuve du 2ᵉ état, (le 1ᵉʳ est avant la lettre) avant
l'adresse de Rossi Rare.

760 — La même estampe. 2 épreuves.
Très-belles épreuves avec l'adresse. R. D. n'a connu que cet état.

MIGNARD (N.)

761 — Pièces d'après les peintures du Carrache, du cabinet Farnèse (R. D. 3. 4. 5. 6. 7. 8). 6 pièces.
Très-belles épreuves avec l'adresse de Mariette,

762 — L'Enlèvement de Ganymède. Épreuve d'un pre-
mier état, non décrit, avant l'adresse de Langlois. —
La même pièce avec l'adresse de Mariette.
Très-belles épreuves.

MILHOMME (F.-D.-A.)

763 — Psyché. Pièce gravée à l'eau-forte.
Très-belle épreuve.

MILLET (Francisque)

764 — Les deux Amants (R. D. 1).
Très-belle épreuve.

MITELLI (J.-M.)

765 — La sainte Vierge assise sur un Trône (B. 19). —
Jupiter et Europe (B. 35). 2 pièces.
Très-belles épreuves.

MITELLI (J.-M.)

766 — Saint Léon, pape, venant à la rencontre d'Attila. (B. 28).

Très-belle épreuve du 1er état, à l'eau-forte.

MOLA (P.-F.)

767 — Joseph et ses frères (B. 1).

Très-belle épreuve du 1er état, avant la lettre.

768 — La sainte Vierge. (B. 3). — Le Martyre de saint André (B. 5). 2 pièces.

Très-belles épreuves.

769 — La sainte Famille en fuite en Egypte (B. 4).

Très-belle épreuve.

MONOGRAMME (R.-T.-I.-G.)

770 — L'Adoration des Mages, d'après B. Martini.

Très-belle épreuve.

MONTAGNA (B.)

771 — Le Satyre (B. 17).

Très-belle épreuve.

MONTAGNE (C.)

772 — Armoiries de la ville d'Arles.

Très-belle épreuve.

MONTAGNE (N. de PLATE)

773 — Tête de mort (R. D. 13). — Le Chemin à la lisière du bois (24). — Le Village dans la forêt (26). — Le Vaisseau entrant dans le port. 4 pièces. Les 3 dernières sont du 1er état et sont gravées par M. de Plate-Montagne.

Très-belles épreuves.

MONTAGNE (N. de PLATE.

774 — Vincent (Barthélemy), avocat consultant à Rethel (R. D. 19).
Superbe épreuve.

775 — Castellan (Olivier de) (R. D. 21).
Superbe épreuve. Elle a de marge.

776 — O'Moloy (Roger), prêtre irlandais R. D. 28).
Très-belle épreuve du 1er état.

MONTI (A.-M.)

777 — Paysages de forme ronde. 4 pièces d'une suite de 12.
Très-belles épreuves.

MONTIGNY (LOUISE DE DAULCEUR, née de)

778 — Paysage gravé à l'eau-forte, d'après P. Bril.
Très-belle épreuve.

MOREAU (L.)

779 — Paysages. 2 pièces.
Très-belles épreuves.

MOREAU (P.)

780 — Vue de deux riches Monuments. — Vue de l'intérieur d'un Monument. Premières épreuves avant les nor, plus les deux mêmes pièces avec les nos. 4 estampes.

MORIN (JEAN)

781 — La Vierge de Douleur (R. D. 17).
Très-belle épreuve.

782 — Mercier (Jacques le), architecte (R. D. 69).
Superbe épreuve, avec de la marge.

MORIN (Jean)

783 — Talon (Omer), avocat général au parlement de Paris (R. D. 74). *13*
> Superbe épreuve. Elle a de la marge.

784 — Tarisse (dom Jean-Grégoire), général de la congrégation de Saint-Maur (R. D. 75).
> Superbe épreuve Elle a de la marge.

785 — Thou (Augustin de), premier du nom (R. D. 77).
> Superbe épreuve. Elle a de la marge.

786 — Thou (Jacques-Auguste de), président des enquêtes du parlement de Paris (R. D. 79).
> Superbe épreuve. Elle a de la marge.

787 — Vignerod (Jean-Baptiste-Amador), abbé de Richelieu (R. D. 85).
> Superbe épreuve. Elle a de la marge.

788 — Villemontée (François de) (R. D. 86).
> Superbe épreuve. Elle a de la marge.

NAIWYNCX (H.)

789 — Les deux grands Arbres près de la rivière (B. 10). — La Chute d'eau (B. 14). — Le Bois au bord de la rivière (B. 15). 3 pièces, 2 sont superbes d'épreuve.

NANTEUIL (R.)

790 — Les quatre Évangélistes (R. D. 7).
> Superbe épreuve du 2e état, plus la même estampe du 4e état. 2 pièces.

791 — Bellièvre (Pompone de), premier président au parlement de Paris (R. D. 36). *13*
> Magnifique épreuve du 2e état.

792 — Estrées (César, cardinal d') (R. D. 92).
> Superbe épreuve.

NANTEUIL (R.)

793 — Hesselin (Louis), conseiller d'État, maître de la chambre aux Deniers (R. D. 110.)
Superbe épreuve du 1er état.

794 — Le Tellier (Michel), ministre d'État, puis chancelier et garde des sceaux de France (R. D. 128).
Superbe épreuve.

795 — Le même personnage (R. D. 130).
Superbe épreuve.

796 — Le même portrait.
Très-belle épreuve.

797 — Le même personnage (R. D. 131).
Superbe épreuve.

798 — Le même personnage (R. D. 132). 2 épreuves. Belles.

799 — Le même personnage (R. D. 134).
Superbe épreuve du 1er état.

800 — Le Tellier (Charles-Maurice), archevêque de Reims (R. D. 138).
Superbe épreuve.

801 — Le même personnage (R. D. 139).
Superbe épreuve du 2er état, avec un point seul après l'année.
Très-rare.

802 — Le Tellier Charles Maurice, archevêque de Reims (R. D. 140).
Très-rare épreuve du 1er état.

803 — Loret (Jean), poëte (R. D. 150).
Superbe épreuve du 2e état, avant la virgule après le mot Loret.

804 — Regnauldin (Claude), procureur général au grand Conseil (R. D. 246).
Superbe épreuve du 1er état.

805 — Talon (Denis), président à mortier au Parlement de Paris (R. D. 228).
Superbe épreuve.

NANTEUIL (R.)

806 — Thévenin (Claude), chanoine de l'église de Paris (R. D. 230).
Superbe épreuve.

807 — Le même personnage (R. D. 231).
Superbe épreuve.

808 — Voiture (Vincent), membre de l'Académie française (R. D. 234).
Superbe épreuve.

NASINI (G.-N.)

809 — La sainte Vierge (B. 1).
Superbe épreuve.

NATOIRE (Ch.-J.)

810 — L'Adoration des Rois (R. D. 1). — La première Académie (R. D. 8). 2 pièces.
Très-belles épreuves.

NAUDET (Th.Ch.)

811 — Paysages avec ruines.
Très-belle épreuve.

NÉE et MASQUELIER

812 — Le déjeuner de Ferney, d'après de Non.
Très-belle épreuve.

NERONI (B.)

813 — Saint Paul (B. 1).
Très-belle épreuve.

NICOLLE (J.-V.)

814 — Vue prise à Rome (P. de B. 1). Charmante eau-forte.
Très-belle épreuve.

7

NORBLIN (J.-P.)

815 — Son Portrait, Paysages, Sujets religieux, etc.
13 pièces.
Très-belles épreuves.

NYPOORT (J. Van der)

816 — L'Arracheur de dents. Pièce capitale du maître.
Très-belle épreuve. Rare.

ODDI (M.)

817 — L'Adoration des Bergers (B. 1). — L'Enlèvement
d'Europe (B. 2). 2 pièces,
Superbes épreuves; l'une porte au verso la signature de P. Mariette 1677.

OLIVIER (M.-B.)

818 — Hommes vêtus à l'espagnole (P. de B. 4, 5). —
Gentilhomme coiffé d'un béret à plumes (7). 3 pièces.
Très-belles épreuves.

ONOFRIO (Cr.)

819 — L'Arbre rompu (B. 2). — Le Pont à deux arches
(B. 5). 2 pièces.
Superbes épreuves du 1er état, avant que les planches n'aient été
retravaillées à l'eau-forte.

820 — Les deux Hommes causant ensemble (B. 3). —
Le Pont à deux arches (B. 5). — La belle rivière (B.7).
Jupiter (B. 8). 4 pièces.
Très-belles épreuves.

OTTINI (P.)

821 — La Sépulture (B. 1).
Superbe épreuve.

OUDRY (J.-B.)

822 — Sujets de chasse. Suite de 4 pièces (R. D. 1-4).
Superbes et très-rares épreuves du 2ᵉ état, avant l'adresse d Iluquier et aussi avant les numéros.

823 — Le chien Braque en arrêt (R. D. 5).
Très-belle épreuve du 3ᵉ état.

PACE (J.-B.)

824 — L'Assaut (B. 1).
Superbe et rare épreuve de la seule pièce gravée par ce maître.

PALLOT et PARIZEAU

825 — Vues prises à Rome. — Adoration des Bergers.
3 pièces.
Très-belles épreuves.

PALMA (J.), le Jeune

826 — La Renommée (B. 18). — Les Juifs amenant à Jésus un femme accusée d'adultère (B. 20). — Copie de la même pièce. — La sainte Vierge ayant entre ses bras l'Enfant Jésus, adoré par saint Jérôme et saint François (B. 21). 4 estampes.
Très-belles épreuves.

PAPE (J. de)

827 — La Vierge avec l'Enfant Jésus, assise sur des nuages.
Très-belle épreuve.

PARROCEL (Ch.)

828 — Le Dragon (R. D. 31 et 33). — Bataille (R. D. 36).
3 pièces.

PARROCEL (Joseph)

829 — Différentes pièces de son œuvre (R. D. 17, 25, 26, 62, 82 à 85, 90). 10 pièces.
Très-belles épreuves.

PARROCEL (P.)

830 — Les petits Bacchants et leur chèvre (R. D. 6). — La Conversation aux champs (10). — Le Triomphe d'Amphitrite (16). — Bacchanale (17). 4 pièces, la dernière est du 1er état.

831 — Vertumne et Pomone. Pièce non décrite. — Les Taureaux couchés, par P. J. Parrocel. 2 pièces.
Très-belles épreuves.

PARVY (J.-P. Guy, Legentil, Marquis de)

832 — Les Adieux de Louis XVI à sa famille. — Le Temps et l'Amour dans un bateau, avec cette légende : L'un fait passer l'autre. 2 pièces.
Très-belles épreuves.

PASINELLI (L.)

833 — Le Martyre de sainte Ursule et de ses compagnes. 2 épreuves dont une avant la lettre.

PASQUALINI (J.-B.)

834 — La Résurrection de Lazare. — La Madeleine au tombeau. 2 pièces.
Très-belles épreuves.

835 — Noé faisant entrer des animaux dans l'Arche. — Saint Jérôme. — Jésus remettant les clefs à saint Pierre, d'après le Guerchin. — L'Annonciation par J. Parcello. 4 pièces.
Très-belles épreuves.

PASSAROTTI (B.)

836 — La Visitation, d'après François Salviati (B. 2).
Très-belle épreuve.

PENCZ (G.)

837 — Horace Coclès défendant lui seul la tête du pont de Rome contre l'armée de Porsenna (B. 80).
Très-belle épreuve.

PERELLE (A.)

838 — Vue de Paris avant la lettre. — Vue du château de Vincennes. 2 pièces.
Très-belles épreuves.

839 — Vue de l'île de la Conférence.
Très-belle épreuve.

840 — Suite de six Paysages, avec vues de mer ou de fleuves. — Les Quatre Saisons. — Paysages avec figures. 13 pièces.
Très-belles épreuves.

PERIGNON (Nicolas)

841 — Premier cahier de Paysages dessinés d'après nature (P. de B. 8-13).
Superbes épreuves du 1er état, avant la lettre alphabétique A. dans la marge du haut à droite.

PERRIER (François)

842 — Sainte Famille (R.D.1). 1er état. — Sainte Famille (2). 2e état. — La Fuite en Egypte (5). 3 pièces.
Très-belles épreuves.

343 — Saint Roch guérissant les pestiférés (R. D. 10).
Très-rare épreuve d'un 1er état non décrit, avant toute adresse et avant le mot Christianissimi à la suite du mot *regis*.

844 — Les Angles de la Farnésine, d'après Raphaël. Suite de 10 pièces (R. D. 21-30).
Très-belles épreuves.

PERRIER (Guillaume)

845 — La Sainte Famille (R. D. 1).
Très-belle épreuve.

PERRUZZINI (D.).

846 — Le Portement de croix (B. 4). — Sainte Femme en prière, estampe non décrite, par Bartsch. 2 pièces.
Très-belles épreuves.

PESNE (J.)

847 — L'Assomption, d'après N. Poussin (R. D. 11).
Très-belle épreuve du 2e état, avec l'adresse de Le Blond.

848 — Le Ravissement de saint Paul, d'après N. Poussin (R. D. 12).
Très-belle épreuve du 1er état.

849 — La Charité romaine (R. D. 13).
Très-belle épreuve du 1er état.

850 — Le Testament d'Eudamidas, d'après N. Poussin (R. D. 29).
Superbe et très-rare épreuve du 1er état avant des troisièmes tailles sur le haut de la hampe de la lance.

PETIT-RODEL (L.-F.)

851 — Vue d'un riche tombeau, entre 4 colonnes.
Très-belle épreuve.

PETITOT (E.-A.)

852 — Deux pièces représentant des monuments d'architecture.
Très-belles épreuves.

PETRI (B. di)

853 — La sainte Vierge tenant l'Enfant Jésus dans ses bras, d'après C. Maratte.
Très-belle épreuve.

PETRUCCI (P.-P.)

✗ 854 — La Sainte Famille au milieu d'un paysage. —
L'Assomption de la sainte Vierge, par P. A. dei Petri.
2 pièces.
Très-belles épreuves.

PEYRON (J.-F.)

855 — La mort de Sénèque (P. de B. 1). — Les jeunes
Athéniens et Athéniennes tirant au sort pour être
livrés au minotaur. 3 pièces dont une double.

PICART (B.)

856 — Le Massacre des Innocents.
Très-belle épreuve du 1er état, avant la couronne sur la tête
d'Hérode, avant que la bordure ait été continué dans la marge du
bas et avec trois lignes d'écriture, plus une pièce au trait d'après
S. Rosa.

857 — Costumes de femmes, époque Louis XIV. 3 pièces
rares.

PICART (J.)

858 — Jeune gentilhomme rencontrant sur une place
publique une demoiselle à qui il fait des proposi-
tions, d'après St-Igny.
Très-belle épreuve.

PICCIONI (M.)

859 — Deux hommes occupés à mettre le petit Moïse
dans un berceau pour l'exposer sur le Nil (B. 1).
2 épreuves dont une avant l'adresse de Rossi. —
Trajan ordonnant d'alimenter tous les jeunes gar-
çons d'Italie (B. 19). 3 pièces.
Très-belles épreuves.

PICQUOT (Taomas)

× 860 — Panneau d'ornement (R. D. 3).
Superbe épreuve.

PIERRE (J.-B.-M.)

861 — Différentes pièces de son œuvre (P. de B. 1. 5. 6.
7. 12. 30. 34). 7 pièces dont plusieurs de 1er état.

× 862 — Mascarade chinoise faite à Rome en 1735.
Superbe épreuve.

PIERRETZ .(A.)

863 — Montants d'ornements pour servir de panneaux
de décoration au château de Fontainebleau, d'après
le Primatice. 5 pièces.
Très-belles épreuves

PIETRO DEL PO

864 — L'Annonciation (B. 2). — La sainte Vierge et
saint Jean près du corps du Christ (11). — Le Christ
apparaissant à sainte Rosalie, pièce non décrite.
3 pièces.
Très-belles épreuves.

× 864 *bis* — Saint Jean-Baptiste assis dans le désert, d'après
An. Carrache (B. 18).
Très-belle épreuve.

PILES (Roger de)

865 — Dufresnoy (Charles-Alphonse), peintre (R. D.
T. 2 P. 97).
Très-belle épreuve du 2e état.

PILLEMENT (J.)

866 — Bouquet de roses. — Paysage traversé par une
rivière. 2 épreuves dont une du 1er état avant divers
travaux. 3 pièces.
Très-belles épreuves.

PINSON (Nicolas)

867 — Le Christ mort étendu par terre sur son linceul
(R. D. 1).

Superbe épreuve de la plus grande rareté R. D. l'a indiquée dans
son catalogue, sans l'avoir vue.

PIOLA (D.)

868 — La Nativité (B. 1).

Superbe épreuve.

PLASSARD (F.)

869 — Sainte Famille (R. D. T. 1er P. 197).

Très-belle épreuve.

POILLY F. de).

870 — La Vierge avec l'Enfant Jésus sur des nuages,
d'après Champagne. — Sujet allégorique où se trouve
le portrait de Lamoignon. — Frontispice pour le
Nouveau Testament, etc. 4 pièces.

Très-belles épreuves.

871 — Jeune femme lisant une lettre, d'après Raoux.

Très-belle épreuve.

POMMARD (le Chevalier de)

872 — La Marchande de châtaignes, d'après A. de
St-Aubin.

Superbe épreuve.

873 — Paysage avec une auberge rustique. Pièce gravée
à l'eau-forte.

Très-belle épreuve.

POMPADOUR (J.-A. Poisson, Marquise de)

874 — Le lever de l'Aurore.— Zéphir et Flore.—Bacchanale. — La petite Voyageuse. 4 pièces.

Très-belles épreuves.

PONTIUS (Paul)

875 — Rubens (Pierre-Paul), d'après Van Dyck.
Superbe épreuve du 1er état, avant le nom du graveur.

PORPORATI (Ch.-An.)

876 — La Prêtresse compatissante, d'après Gibelin.
Pièce gravée en manière noire,
Très-belle épreuve.

POTRELLE (J.-L.)

877 — Portrait de Jules Romain, d'après lui-même.
Très-belle épreuve.

POTTER (Paul)

878 — Le Vacher (B. 14).
Superbe épreuve, tirée sur papier à la folie.

PRENNER (A.-J.)

879 — Des Soldats qui font ripaille, d'après Jordaens. —
Jeux d'enfants, par Kobell. — Paysage par Klengel.
3 pièces.
Très-belles épreuves.

PRÉVOST (Jacques)

880 — Cybèle (R. D. 2).
Très-belle contre-épreuve. C'est d'après cette estampe que R.
Dumesnil, a fait sa description.

PRÉVOST (Nicolas)

881 — La Vierge et les saints Enfants. — Sainte Madeleine couchée à terre. 2 pièces non décrites par R. Dumesnil, mais qu'il a indiquées plus tard dans l'un de ses catalogues de vente.
Très-belles épreuves.

PRÉVOST (Nicolas)

882 — Vénus et l'Amour. Pièce non décrite par R. Dumesnil.
Superbe épreuve.

PRIMATICE (F.)

883 — Les deux Femmes romaines (B. 1).
Superbe épreuve de la seule pièce gravée par ce maître.

PROCACCINI (C.)

884 — Repos en Egypte (B. 2). — Autre repos en Egypte (B. 3). — La Sainte Famille, pièce douteuse. 3 pièces.
Très-belles épreuves.

PRUD'HON (P.)

885 — Phrosine et Mélidore. 2 épreuves dont une avant la lettre et l'autre avec
Très-belles épreuves.

886 — L'Enlèvement d'Europe.
Très-belle épreuve.

887 — Héloïse et Abeilard.
Très-belle épreuve avant la lettre.

888 — Une Famille malheureuse. Superbe épreuve du 2ᵉ état, avec le titre en lettres anglaises.
La même pièce. Épreuve retouchée et le titre changé.

PRUD'HON (D'après P.-P.)

889 — Constitution française, par Copia.
Très-belle épreuve.

890 — La Vengeance de Cérès, par Copia.
Superbe épreuve vant la lettre. Les noms autour sont à la pointe.

891 — La même pièce.
Épreuve avec le titre de société de la réunion des Beaux-Arts, en lettres ouvertes.

PRUD'HON (D'après P.-P.)

892 — Le Cruel rit des pleurs qu'il fait verser. — L'Amour réduit à la raison. 2 pièces gravées par Copia. Très-belles épreuves.

RABEL (D.)

893 — La Toilette. Très-jolie pièce. — Le Barbon, par Regnesson. 2 pièces.

RAFOT

894 — La Madeleine aux pieds du Christ. — Le Serpent d'airain, d'après Subleyras, par Pujol de Mortry. 2 pièces.

RAIMONDI (Marc-Antoine

895 — Le Satyre et l'Enfant d'après Raphaël (B. 281). Épreuve superbe. Rare.

896 — Faune accompagné d'un enfant (B. 296). Épreuve superbe. Rare.

897 — Cupidon et les trois Grâces, d'après Raphaël (B. 344). Superbe épreuve.

898 — Hercule et Anthée, d'après Raphaël (B. 346). Superbe épreuve.

899 — La Femme aux deux éponges (B. 373). Très-belle épreuve de la copie. C.

900 — L'Homme à genoux à la lisière d'un bois (B. 434.) Superbe épreuve.

901 — Sainte Cécile. Épreuve faible.

RAVENNE (Marc de)

902 — La Force (B. 395). Superbe épreuve avant l'adresse de Salamanca.

RECLAM (F.)

903 — Suite de paysages dédiés à M. le comté de Carnitz.
Suite de 8 pièces dont nous n'avons que sept.
Très-belles épreuves.

REINAUD (M.)

904 — Portrait gravé à Rome, d'après Ingres.
Très-belle épreuve.

REMBRANDT-VAN-RHYN (Paul)

905 — L'Ange qui disparaît devant la famille de Tobie
(B. 43). cl. 47. C. B. 16.
Superbe épreuve avant les travaux au bas à gauche sur le terrain
qui est resté en blanc.

906 — Pierre et Jean à la porte du Temple (B. 95), cl. 97.
C. D. 66.
Magnifique épreuve du 2e état.

907 — Saint Jérôme (B. 105), cl. 108. C. B. 76.
Superbe épreuve du 2e état.

908 — Vénus au bain (B. 201), cl. 198. C. B. 165.
Très-belle épreuve.

909 — Le Paysage au chasseur (B. 211), cl. 208. C. B.
314.
Très-rare épreuve du 1er état, avant la maison et la grange; qui
sont sur la hauteur à gauche, près des deux petites figures.

910 — La Chaumière au grand arbre (B. 226). Cl 223. C.
B. 326.
Superbe épreuve.

911 — Jeune homme assis et réfléchissant (B. 268), cl.
265. C. D. 258.
Superbe épreuve du 1er état, avec des parties claires sur les mè-
ches de cheveux à droite.

912 — Portrait de Clément de Jonghe (B. 272), cl. 269. C.
B. 180.
Superbe épreuve du 4e état.

REMBRANDT-VAN-RHYN (Paul)

913 — Vieille femme qui dort (B. 350), cl. 340. C. B. 244.

Superbe épreuve.

RENI (Guido)

914 — Vierges avec l'enfant Jésus (B. 1. 2 et 4). 4 pièces dont une double.

Très-belles épreuves.

915 — La Vierge, l'enfant Jésus et saint Jean-Baptiste (B. 6). — La sainte Famille (B. 9). 3 épreuves dont une avant la lettre. — Sainte Famille (B. 10). 5 pièces.

Très-belles épreuves.

916 — L'Enfant Jésus et saint Jean (B. 12), l'Enfant Jésus et saint Jean (B. 13). — L'Amour de l'étude (B. 16). 3 pièces.

Très-belles épreuves.

917 — Une Gloire d'anges, d'après Luca Cambiasi (B. 45).

Superbe épreuve. Rare.

918 — La Vierge et l'enfant Jésus, d'après An. Carrache (B. 51). — La Fille portant le coussin (B. 48), premier état avant les mots *Parmigianus* f. — La Fille portant un crucifix (B. 49). 2 épreuves dont une épreuve du premier état avant l'inscription indiquée à la pièce précédente. 4 pièces.

Très-belles épreuves.

919 — Jésus-Christ et la Samaritaine, d'après Annibal Carrache (B. 52). 2 épreuves dont une avant divers travaux repris au burin, notamment à la tunique et au pied droit du Christ.

Très-belles épreuves.

RENI

920 — Saint Roch distribuant son bien aux pauvres,
d'après Annibal Carrache (B. 53).
Très-belle épreuve.

RESTOUT (JEAN)

921 — Saint Jérôme dans sa caverne. 2 épreuves dont
une du premier état, avant le monogramme du maître. — Saint Bruno par J. B. Restout (P. de B. 1). 3.
pièces.
Très-belles épreuves.

REVERDINO (CESARE)

922 — Clélie (B. 16). Cimon et Pera (B. App. 2). 2 pièces.
Superbes épreuves.

RIBERA (JOSEPH), dit l'ESPAGNOLET

923 — Le Corps mort de Jésus-Christ (B. 1).
Superbe épreuve.

924 — Saint Jérôme lisant (B. 3).
Superbe épreuve.

925 — Saint Jérôme (B. 4).
Superbe épreuve du 1er état, avant que les travaux aient été
repris dans les ombres et avant les initiales de François Vanden
Wyngaerde, dans la marge du bas.

926 — Saint Jérôme (B. 5).
Superbe épreuve tirée avant que les coulures d'eau-forte aient été
effacées. (Collection Debois.)

927 — Saint Barthélemy (B. 6).
Superbe épreuve du 1e état, avant que les travaux aient été
repris au burin, entre les jambes du saint.

928 — Saint Pierre (B. 7).
Magnifique épreuve du 1er état, avant les lettres F. V. Wyn, dans
la marge du bas et avant les angles du cuivre arrondis.

RIBERA (Joseph), dit l'ESPAGNOLET

929 — Tête d'homme (B. 8).
Superbe épreuve du 1er état, avant les lettres F. V. Wyn. ex.

930 — Le Poëte (B. 10).
Très-belle épreuve.

931 — Le Centaure et le Triton (B. 11).
Superbe épreuve.

932 — Le Satyre fouetté (B. 12).
Très-belle épreuve.

933 — Silène (B. 13).
Superbe épreuve du 1er état, avant la dédicace à Giuseppe Balsamo. Rare.

934 — La même estampe.
Très-belle épreuve du 2e état, avec la dédicace, mais avant l'adresse de Rossi.

935 — Principes de dessin (B. 15-17). Suite de 3 pièces.
Très-belles épreuves.

RICCI (M.)

936 — Vue d'une ville située sur le bord d'une rivière (B. 11). 2 épreuves dont une d'un premier état non décrit avant le n° 11.
Très-belles épreuves.

RIGAUD (J.)

937 — Soldats et officiers occupés au bombardement d'une ville. — Vue d'un port de mer. 2 pièces.

RIVALZ (Barthélemy)

938 — Portraits de J.-P. Rivalz, — d'Antoine Rivalz, d'après lui-même. 2 pièces.
Très-belles épreuves.

RIVALZ (Antoine)

939 — Les quatre Vignettes décorant le Traité sur la peinture de Pierre du Puy du Grez. 2 suites.
Très-belles épreuves.

ROBERT (H.)

940 — Les Soirées de Rome. Suite de 10 pièces (P. de B. 1-10).
Très-belles épreuves du 1er état, avec l'adresse de Wille sur le premier morceau.

941 — La même suite.
Très-belles épreuves du 3e état avec l'adresse de Basan.

942 — Le Tombeau de M. de Buchelai (P. de B. 15). — Les n° 2, 3, 4 et 5 de la suite des Soirées de Rome, d'un premier état non décrit par M. de Baudicourt. 5 pièces.

ROBERT DE SERI (P.-P.-A.)

943 — Loth et ses filles (R., D. 1). — Jupiter et Antiope (2). — La Nativité (14). 3 pièces.
Très-belles épreuves.

ROBERT (Nicolas)

944 — Oiseaux divers dessinés d'après nature. 4 pièces.

ROCHEBRUNE (O.-G. de)

945 — Vue prise à Fontenay en 1860.
Très-belle épreuve.

ROCHEFORT (P. de)

946 — Sujet allégorique, d'après F. Vieira. — Le Frappement du rocher. — La Manne tombant du ciel, par F. Roettiers. 3 pièces.

8

ROGER (B.-J.)

947 — La Justice et la Vengeance divine poursuivant le crime, d'après Prud'hom.

Superbe épreuve du 1er état.

948 — Edouard surprend Stelline au bain. — Sylvie et le Satyre deuxième état. 2 pièces, d'après Prud'hom.

Très-belles épreuves.

949 — Le Triomphe de Bonaparte, premier consul, d'après Prud'hom.

Superbe épreuve.

ROSA (S.)

950 Glaucus et Scylla (B. 20). — Costumes de soldats. 4 pièces.

ROSASPINA (F.)

951 — La Forge de Vulcain. — Saint Antoine de Padoue par Rosatti (B. 6) 2 pièces.

Très-belles épreuves.

ROSSI (G.)

952 — La sainte Vierge au milieu de saint Jérôme et de saint François, d'après Carrache (B. 2). — Les deux Enfants, d'après le Guerchin (B. 4). — Les deux Enfants, d'après le Guide (B. 5). 3 pièces.

Très-belles épreuves.

ROTA (M.)

953 — Paysage avec un berger et son troupeau (Pass. T. 6, p. 187, n° 135).

Très-belle épreuve.

954 — Le Martyre de saint Pierre de l'ordre des Frères prêcheurs, d'après le Titien.

Très-belle épreuve du 1er état.

ROTARI (PIETRO, Comte)

955 — Les Trois Anges chez Abraham. — Saint Louis, évêque de Toulouse, donnant de l'argent aux pauvres. — Diane chasseresse. 3 pièces.
Très-belles épreuves.

ROULLET (J.-L.)

956 — Vignettes, portraits et titres de livres. 8 pièces.
Très-belles épreuves.

ROUSSEAU (J.)

957 — La Sainte Famille au repos (R. D. 13).
Très-belle épreuve du 2e état.

RUCHOLLE

958 — L'Age d'or, pièce en largeur.
Très-belle épreuve.

RUYSDAEL (J.)

959 — Le Petit Pont (B. 1).
Superbe épreuve du 2e état avec les nuages à droite, gravés à la pointe sèche.

960 — Le Champ bordé d'arbres (B. 5).
Très-belle épreuve du 2e état elle a de la marge.

SABLET (J.)

961 — Vieillard lisant. — Vieillard en prière devant une croix de bois. — Vieille femme assise faisant réciter la prière à une jeune fille debout près d'elle. 3 pièces.
Très-belles épreuves.

SADELER (G.)

962 — Allégorie sur la mort de la femme de Spranger ; on y voit les portraits de Spranger et de Catherine Muller sa femme.
Très-belle épreuve.

SADELER (J. et G.)

963 — L'Annonciation aux bergers. — La Nativité. — Le Repas du mauvais riche. — Le Roi Salomon assis sur son trône. — La Tentation du Christ. — La Vierge assise dans un riche paysage. 6 pièces.
Très-belles épreuves.

SAENREDAM (J.)

964 — Un fou tenant une marotte qu'il montre en riant (B. 103).
Superbe épreuve du 1er état.

SAFT-LEEVEN (H.)

965 — Son portrait (B. 4).
Superbe épreuve.

SAINT-AUBIN (G.-J. de)

966 — Spectacle des Tuileries en deux vues de même grandeur sur la même planche (P. de B. 13-14).
Superbes épreuves. La première vue est du 1er état avant les mots : Retouché à la pointe sèche en 1793. La seconde d'un état non décrit avant la date de novembre 1760 au-dessous de la grande roue du tonneau. Rares.

967 — Vue du Salon du Louvre en l'année 1753 (P. de B. 19).
Superbe et très-rare épreuve du 1er état, avec la date de 1753 et avant que le titre soit précédé du mot exacte.

SAINT-AUBIN (Au.)

968 — Portrait de Gluck.
Très-belle épreuve.

SAIN-IGNY (J. de)

969 — Elément de Pourtraitture invantée par le sieur de S. Igny (R. D. 14. 38). Suite de 25 pièces dont nous n'avons que 23.
Très-belles épreuves avec les numéros.

SAINT-IGNY (J. de)

970 — Le Joueur de musette (R. D. 42).
Très-belle épreuve du 1er état.

971 — Suite de six pièces dont 3 bustes de femmes et 3 d'hommes (R. D. Page 180).
Très-belles épreuves.

972 — Figures d'enfants debout (R. D. Page 187). — Figures d'amours, deux pièces gravées à l'eau-forte, en tout 4 pièces.
Très-belles épreuves.

SAINT-JEAN (J.-D. de)

973 — Costumes d'hommes et de femmes. 4 pièces.
Très-belles épreuves.

SAINT-NON

974 — Buste de jeune fille, d'après Greuze. — Paysage d'après Le Prince. — Fête champêtre d'après Benard. 3 pièces.
Très-belles épreuves.

SALY (J.-F.)

975 — Titre et Vases, tirés d'une suite de 30 pièces. 3 pièces.
Très-belles épreuves.

SALIMBINI (Vintura)

976 — La Destination de la sainte Vierge (B. 3). — Sainte Anne et saint Joachim (B. 1), plus la copie de cette dernière. 3 pièces.

SAN MARTINO (Marc)

977 — La Décollation de saint Jean-Baptiste (B. 15).
Très-belle épreuve.

SANTIS (Horace de)

978 — Les quatre Saints (B. 15). — La Sainte Famille (B. 4). 2 pièces.
Très-belles épreuves.

SARRABAT (J.)

979 — Praslin (Gaston-Jean-Baptiste de Choiseul, marquis de). Portrait gravé en manière noire, d'après Rigaud.
Très-belle épreuve.

SAUVAN (Philippe)

980 — Saint Pierre de Luxembourg (R. D. 1).
Très-belle épreuve.

981 — Le Sacré Cœur (R. D. 3). La Croix de Mission (4). — Les Musiciens ambulants (5). 3 pièces.
Très-belles épreuves.

SAUVAN (J.-B.)

982 — Cheval qui pisse, pièce gravée à l'eau-forte.
Très-belle épreuve.

SAVART (P.)

983 — Alembert (Jean le Rond d') (F. 1).
Superbe épreuve du 1er état, avant toute lettre et avant les mots; A l'Immortalité, dans la banderole du haut.

984 — Boileau Despréaux (Nicolas), d'après Rigaud.
Très-belle épreuve du 1er état avec l'adresse de Barrière fond-Taraby.

985 — Colbert (Jean-Baptiste). (F. 14).
Belle épreuve.

986 — Fontenelle (Bernard de), (F. 20).
Très-belle épreuve.

*SAVART (P.)

987 — Louis le Grand, roi de France et de Navarre. (F. 23(.
   Très-belle épreuve.

988 — Racine (Jean). (F. 30).
   Très-belle épreuve avec l'adresse de la barrière Fontarabie.

SCALBERGE (P.)

989 — L'Ensevelissement de Notre-Seigneur, d'après le Bassan (R. D. 9). — Vénus soutenant l'Amour (31). — Psyché dans l'Olympe, d'après L. Cardi (40). 3 pièces.
   Très-belles épreuves.

SCARAMUCCIA (L.)

990 — Adonis, d'après An. Carrache (B. 4).
   Superbe épreuve du 1er état, avant que la planche ait été retouchée au burin.

SCARSELLO (G.)

991 — Saturne (B. 2). — L'Amour debout sur un dauphin (B. 4). — La Fortune (B. 6). 3 pièces.
   Très-belles épreuves.

SCHENEAU (J.-E.)

992 — Jeune garçon embrassant une jeune fille, pièce gravée à l'eau-forte.
   Très-belle épreuve.

993 — Etudes de têtes, gravées à l'eau-forte. 3 pièces.
   Très-belles épreuves.

SCHMIDT (G.-F.)

994 — Prevost (Antoine-François), aumônier du prince de Conti.
   Très-belle épreuve.

SCHMIDT (G.-F.)

995 — Portrait d'Anne, reine d'Angleterre.
Très-rare épreuve avant toutes lettres.

SCHIAVONE (A.)

996 — Ornements (B. 28. 29). 2 pièces.
Très-belles épreuves.

SCHUPPEN (P. Van)

997 — Eustache Lesueur, d'après lui-même.
Très-belle épreuve.

998 — Sœur Marie-Jeanne des Anges, urseline, décédée
le 29 janvier 1665.
Très-belle épreuve.

SCIAMINOSSI (R.)

999 — Différentes pièces de son œuvre (B. 5. 9. 11. 13.
31. 32. 33. 36. 53). 10 pièces.
Très-belles épreuves.

SCOTIN (G.)

1000 — Frontispice pour les œuvres poétiques de P. Le
Moyne, d'après P. Mignard. — Vignette d'après Gra-
velot. 2 pièces.
Très-belles épreuves.

SEGHERS (C.)

1001 — Le Buveur. Deux épreuves, dont une à l'eau-forte,
pure, — Paysan se disposant à faire ses besoins.
Trois pièces.
Très-belles épreuves.

SILVESTRE (Israel)

1002 — Vue et perspective du gros pavillon des Tuileries — Vue et perspective de la Galerie du Louvre, — Vue du quai des Augustins et du pont Saint-Michel, — Vue de l'Archevêché de Paris et du Pont de la Tournelle, — Vue de l'Église des Bernardins, — Vue de la Galerie du Louvre et du pont des Tuileries. Six pièces.

Très-belles épreuves. Rares.

1003 — Vue du château de Gaillon en Normandie, — Vue du château de Gaillon du costé du Parc, — Vue de la tour de Grignon, — Vue et perspective du vieux Portail du château de Tanlai. Quatre pièces, plus deux morceaux de la grande vue de Rome.

Très-belles épreuves.

1004 — Palais de Madame la Connestable de Lesdiguières à Grenoble.

Très-rare épreuve avant la lettre.

1005 — Vue de l'Arc de Portugal dans la rue du Cours à Rome, — Saint-Victor de Marseille, — La Mayorre de Marseille, — Titres de différentes suites. Cinq pièces.

SIMON (P.)

1006 — Godet des Marais, Evêque de Chartres, d'après P. André.

Très-belle épreuve.

SIMONET (J.-B.)

1007 — Le Curtius français, ou la mort du chevalier d'Assas, d'après Moreau le jeune.

Très-belle épreuve.

SIRANI (J.-A.)

1008 — Apollon et Marsyas (B. 2), — Sainte Famille par
Elisabeth Sirani (B. 3). Deux pièces.
Très-belles épreuves.

SIRANI (ÉLISABETH)

1009 — Repos en Egypte (B. 4), — Sainte Famille (B. 8),
etc. Trois pièces.
Très-belles épreuves.

SOLIS (V.)

1010 — Trois pièces tirées de la suite de 52 estampes représentant des cartes à jouer.

SOUBEYRAN (P.)

1011 — Vignette décorant le volume de l'Art de la guerre
par le maréchal de Puységur, d'après Cochin, —
Vignettes d'après Eisen. Quatre pièces.
Très-belles épreuves.

SOURCHES (L.-F. du BOUCHET, Marquis de)

1012 — Portrait de madame de Nevelet, femme d'un
conseiller au Parlement de Paris. Pièce non décrite
par R. Dumesnil.
Très-belle épreuve.

SPIERRE (FR.)

1013 — La Piété et la Religion présentent le livre des An-
nales Mariani à la Sainte Vierge, — Un prélat présentant à Alexandre VII un dessin du mont Athos.
Deux pièces d'après P. de Cortone.
Très-belles épreuves signées au verso, P. Mariette, 1666 et
1704.

STELLA (JACQUES)

1014 — Enfants nus dansant (R. D. 4).
Très-belle épreuve.

STORER (J.-C.)

1015 — Bacchanale où est représenté Silène assis sur un
léopard, — Sujet militaire représentant une scène du
siége d'Augsbourg, par Rugendas. Deux pièces.
Très-belles épreuves.

STRADA (V.)

1016 — Le grand Ecce hómo (B. 3), — Sainte Famille
(B. 13). Deux pièces.
Très-belles épreuves.

SUAVIUS (L.)

1017 — La Mise au tombeau, — Pierre et Jean guérissant un perclus sous le portique du Temple. Deux
pièces.
Très-belles épreuves.

SUBLEYRAS (P.)

1018 — Le Serpent d'airain (R. D. 2).
Très-rare épreuve, avant l'inscription dans la marge du bas.
État non décrit.

1019 — La même estampe.
Épreuve avec l'inscription.

1020 — La Madeleine aux pieds de Jésus (R. D. 3).
Très-belle épreuve.

1021 — La même pièce.
Très-belle épreuve.

× 1022 — Une réunion d'hommes vêtus à l'antique; ils sont
groupés au-devant de monuments splendides, riches
par leur architecture et ornés de statues.
Très-belle épreuve d'une pièce non décrite.

SUYDERHOEF (J.)

1023 — Portrait de Uladislas VI, roi de Pologne et de
Suède.

Très-belle épreuve du 1ᵉʳ état, avant le n° 9.

SWANEVELT (H. Van)

1024 — Paysages (B. 37, 38, 47, 20, 27). Cinq pièces.

Très-belles épreuves.

1025 — Pan et Syrinx (B. 70), — Salmacis et Hermaphro-
dite (B. 71). — Saint Adrien sur la voie Flami-
nienne (B. 59). Trois pièces.

Très-belles épreuves.

1026 — L'Hôpital (B. 87), — La Grotte de la nymphe
(B. 91). Deux pièces.

Très-belles épreuves du 1ᵉʳ état avec l'adresse du maître.

1027 — Fuite en Egypte (B. 100).

Superbe épreuve du premier état, avec l'adresse du maître.

1028 — Saint Antoine l'ermite (B. 108).

Très-belle épreuve du 1ᵉʳ état, avec l'adresse du maître.

SWEBACH DES FONTAINES

1029 — Rafraichissement de chasse.

Très-belle épreuve.

TANCHE (Nicolas)

1030 — Les Chevaux à l'abreuvoir, — Paysans attablés
à boire, — Vieillard recevant l'aumône, — Scène
d'intérieur. Quatre pièces gravées à l'eau-forte.

Très-belles épreuves.

TARDIEU (N.-H.)

1031 — Des Ducs et des Evêques déposent une couronne
royale sur la tête d'un prince, — Vignettes. Trois
pièces.

Très-belles épreuves.

TEMPESTA (A.);

1032 — Sujets de Batailles, de Chasse, Bustes d'homme
et de femme. Cinq pièces.
Très-belles épreuves.

TESTA (P.)

1033 — L'Enfant prodigue (B. 8), — Saintes Familles
(B. 9, 10 et 11), — Le Martyre de Saint Erasme
(B. 14), — La Mort de Caton (B. 20). Six pièces.
Très-belles épreuves.

TESTA (J.-C.)

1034 — La Communion de saint Jérôme, d'après le Do-
miniquin.
Très-belle épreuve.

TESTELIN (H.)

1035 — La Manne dans le désert, d'après Poussin (R. D. 4).
Très-belle épreuve.

THIENON, Père.

1036 — Paysage gravé à l'eau-forte.
Très-belle épreuve.

THOURNEYSEN (J.-J.)

1037 — Portrait en pied et en costume de théâtre de
Millot, comédien, d'après C. Dauphin.
Très-belle épreuve.

TIEPOLA (G.-B.)

1038 — Renaud et Armide, etc. Trois pièces.
Très-belles épreuves.

TISSART DE ROUVRE (Marquis de)

1039 — Le Chenil, charmante eau-forte, d'après du Vivier.
Très-belle épreuve.

TORO (Bernard).

1040 — Nouvelle manière d'ornemens faciles à être exécutés par les Sculpteurs, Orfèvres et Brodeurs où l'on a cherché la correction et esvité la confusion qui se trouve dans la plupart dé ceux qui ont paru jusques aujourd'hui par Bernard Toro. Suite de sept pièces.
Superbes épreuves.

1041 — Trophées nouvellement inventés par J. B. Toro. Se vend à Paris chez le sieur du Buisson, etc. Suite de six pièces.
Très-belles épreuves.

1042 — Suite de six estampes représentant des mascarons, des têtes grotesques, des animaux chimériques, suite dédiée à François Ricard.
Très-belles épreuves.

1043 — Suite de onze estampes représentant des têtes grotesques, des animaux chimériques, des amours, des mascarons et des ornemeuts, dédiés à Luc de Beaumont, consul d'Aix.
Très-belles épreuves imprimées à deux sur la même feuille.

1044 — Suite de six vases; on lit sur la première pièce : Vases nouveaux. Suite inédite.
Très-belles épreuves.

1045 — Livre de cartouches inventé de Bernard Tarot, sculpteur du roi. Suite de six pièces.
Très-belles épreuves.

1046 — Desseins a plusieurs usages, inventés par M. B. Toro, suite de six pièces dont nous n'avons que quatre, représentant des armés et armures.
Très-belles épreuves.

1047 — Desseins à plusieurs usages, inventés par M. B. Toro. Suite de quatre pièces dont nous n'avons que trois.

TORO (BERNARD)

1048 — Grilles et Panneau d'ornements. Trois pièces.
Très-belles épreuves.

1049 — Vases. Deux pièces.
Très-belles épreuves.

1050 — Armoiries, — Trophée d'armes, — Mascaron.
Trois pièces.
Très-belles épreuves.

TORTEBAT (F.)

1051 — La Vierge et l'Enfant Jésus, d'après S. Vouet (R.
D. 7). — L'Ange (R. D. 10). Deux pièces.
Très-belles épreuves.

TRÉMOLIÈRE (P.-C.)

1052 — Le Baptème (P. de B 1).
Très-rare épreuve du 1er état avant la lettre.

1053 — La Confirmation (P. de B. 2), Académie d'homme
(P. de B. 3). Deux pièces.
Très-belles belles épreuves. La confirmation est du 2e état, ayant
la lettre.

TRENTE (A. de)

1054 — Les Honneurs divins rendus à Psyché (B. sect. 7,
n° 25). Deux épreuves.

TRIVA (A.)

1055 — Suzanne surprise au bain (B. 1), — Repos en
Egypte (B. 2), — La Vierge, l'Enfant Jésus et le petit
saint Jean (B. 3). Trois pièces.
Très-belles épreuves.

TROUVAIN

1056 — Le Révérend Père Français de La Chaise.
Très belle épreuve.

SÉBASTIEN D'UL

1057 — Prométhée (B. 2).
Superbe épreuve.

UMBACH

1058 — Le Voyage de Jacob, — Repos en Egypte, — Apollon et Marsyas, etc. Quatre pièces.
Très-belle épréuve.

VAJANI (A.)

1059 — Jésus-Christ près de son tombeau (B. 1), — Le petit saint Jean, pièce non décrite. Deux pièces.
Très-belles épreuves.

VALENTIN (M.)

1060 — La Bonne aventure (R. D. 1).
Très-belle épreuve.

VALÉSIA (G.-L.)

1061 — Vénus châtiant l'Amour (B. 5), — Vénus mena-çant l'Amour (B. 6), — Ovale rempli de douze têtes (B. 7). Trois pièces.
Très-belles épreuves.

VALLET (Pierre)

1062 — Portrait de Jean Robin (R. D. 153).
Très-belle épreuve.

VALLORI (le Chevalier de)

1063 — Le Soldat en faction, d'après Blarenberghe. Épreuve du premier état avant grand nombre de travaux et avant les noms d'artistes. La même pièce avec les travaux ajoutés, mais également avant les noms. Deux pièces.

VANLOO (C.)

1064 — Titre des figures académiques. La Flagellation. Deux pièces.

Très-belles épreuves.

VANLOO (Joseph)

1065 — La Leçon de flûte, d'après A. Carrache.

Très-belle épreuve.

VANNI (F.)

X 1066 — Saint François en extase (B. 3). Deux épreuves dont une superbe.

VANNI (M.-A.)

1067 — Hérodiade tenant dans un plat la tête de saint Jean-Baptiste. Deux épreuves dont une du premier état, avant que la planche ait été réduite.

Très-belles épreuves.

VASSY (la Comtesse de)

1068 — Paysage au milieu duquel s'élève un cippe. Pièce gravée à l'eau-forte.

Très-belle épreuve.

VAUQUER (J.-B.)

1069 — Sujets bibliques dans des ronds, accompagnés de bouquets de fleurs. Deux pièces d'une suite de neuf.

Très-belles épreuves.

VAN VEEN (M.), dit HEEMSKERK

1070 — Holopherne et Achior. Deux épreuves dont une avant la lettre et le n° 1.

Très-belles épreuves.

VELDE (J. Van de)

1071 — Paysages. Cinq pièces.
Très-belles épreuves.

1072 — Deux Enfants dansant pendant la nuit, d'après P. de Molyn.
Très-belle épreuve.

1073 — Portrait de Jean Torrentius, peintre d'Amsterdam
Superbe épreuve.

VENITIEN (Augustin)

1074 — Le Sacrifice d'Abraham (B. 5).
Superbe épreuve avant l'adresse de Salamanca.

1075 — Vénus et l'Amour (B. 318).
Très-belle épreuve.

VENTURINI (G.-F.)

1076 — Deux vues différentes de la cascade principale de Tivoli.
Très-belles épreuves.

VERBOECKHOVEN (E.)

1077 — Le Passage du gué, — Sujets tirés des fables de Lafontaine. Cinq pièces gravées à l'eau-forte.
Très-belles épreuves.

VERDIER (F.)

1078 — Samson emportant les portes de Gaza (R. D. 4).
Très-belle épreuve du 1er état.

VERDURA (R.-V.

1079 — Sainte Famile et saint Jean Baptiste, d'après Raphaël. Deux épreuves dont une du 1er état, avant que les angles de cuivre aient été arrondis.

VERDUSSEN (J. Pierre)

1080 — Mulets, chevaux et bœufs. Huit pièces gravées à
l'eau-forte.

> Très-belles épreuves.

VERILLOT

1081 — Paysage où une bergère conduit des moutons et
une vache, — Un homme conduit sur un chemin
qui mène à un bois, une jument et son poulain. Deux
pièces.

> Très-belles épreuves.

VERNE (Joseph)

1082 — La Plage à la grosse tour (R. D. 1).

> Très-belle épreuve avant que les angles du cuivre n'aient été
> arrondis ; — plus la même pièce avec les angles arrondis.

1083 — Le Retour de la pêche (R. D. 2).

> Très-rare épreuve du 1er état, avant les raies au-dessus de la tête
> de l'homme monté sur l'arbre et avant que les angles du cuivre
> n'aient été arrondis, plus la même pièce avec les remarques énon-
> cées ci-dessus.

VERKOLYE (J.)

1084 — Portrait de Steffan Wolters, d'après Kneller.

> Très-belle épreuve.

VIANI (J.-M.)

1085 — La Guerre, d'après L. Carrache (B. 4), — Ajax,
d'après P. de Caravage. Deux pièces.

> Superbes épreuves.

VICO (E.)

1086 — La Vierge s'évanouissant à la vue du corps mort
de Jésus-Christ, d'après Raphaël (B. 8).

> Très-belle épreuve du 1er état, avant l'adresse de Salamanca.

VICO (E.)

1087 — Saint Georges combattant le dragon, d'après
G. Clovio (B. 12).
Très-belle épreuve.

1088 — Les Lapithes combattant contre des Centaures qui
veulent enlever Hippodamie (B. 30).
Très-belle épreuve.

VIEN (J.-M.)

1089 — Lot et ses filles (P. de B. 2). L'Arrivée à la cuve (6).
Deux pièces.
Très-belles épreuves.

VIGNON (Claude)

1090 — L'Adoration des rois (R. D. 2). Épreuve du 1ᵉʳ état,
— Jésus-Christ ressuscite la fille de Jaïre, — Jésus-
Crist guérit un malade dans la Piscine (R. D. 12, 14),
— La Prédication de saint Jean (R. D. 17). Quatre
pièces.
Très-belles épreuves.

1091 — Les Corps de saint Pierre et de saint Paul dans le
même sépulcre (19), — Martyre de Saint André (20),
— Le Baptême de l'eunuque de Candace (22), premier
état, — Massacre dans une place publique. Quatre
pièces.
Très-belles épreuves.

VILLAMENA et AUTRES

1092 — Vierges et autres sujets religieux. Six pièces.
Très-belles épreuves.

VINCENT (F.-A.)

1093 — Le Prêtre grec (P. de B. 1).
Superbe épreuve.

VISSCHER (L.)

1094 — Jeune homme portant un chat et lui pinçant l'oreille, d'après J. Van Loo.

Superbe épreuve du 1er état avant le trait carré renforcé au burin et avant la lettre.

VISSCHER (C.)

1095 — Buste de vieille femme que l'on dit être la mère de Visscher.

Très-belle épreuve.

VISSELER (M.)

1096 — Saint Augustin (R. D. 27), — Portrait d'Urbain VIII par Vouillemont (R. D. 66). Deux piéces.

Très-belles épreuves.

VITTORIA (V.)

1097 — La Madone de Foligno, d'après Raphaël.

Très-belle épreuve.

VIVIER (G. du)

1098 — Tentation de saint Antoine (R. D. 3). Cuisine flamande (R. D. 5). Deux pièces.

Très-belles épreuves.

VLIEGER (S. de)

1099 — La Forêt claire (B. 3).

Très-belle épreuve.

VORSTERMAN (L.)

1100 — Portrait de Claude Maugis, d'après Champaigne.

Très-belle épreuve.

1101 — Cornelissen (Antoine), d'après Van Dyck.

Très-belle épreuve du 1er état, avant le nom du graveur.

VOUET (SIMON)

1102 — Sainte Famille (R. D. V. 5 P. 72).
Très-belle épreuve.

VOUILLEMONT (S.)

1103 — La Diseuse de bonne aventure (R. D. 85). — Le
Pauvre peintre, par Vienot, d'après Both. — Combat
de la Hogue, par Voysard. 3 pièces.
Très-belles épreuves.

VUIBERT (REMY)

1104 — Le Miracle de saint Paul à Ephèse (R. D. 2).
Très-belle épreuve.

WAEL (C. de)

1105 — Scène de Marionnettes en présence de nombreux
spectateurs. — Les Pèlerins, par J. B. de Wael
(B. 8). 2 pièces.
Très-belles épreuves.

WATELET

1106 — Portrait de Marguerite Lecomte. — Maison de
Marguerite Lecomte, munière du Moulin-Joli. — Por-
trait d'homme gravé à l'eau-forte par Wicar. 3 pièces,
Très-belles épreuves.

WATERLOO (A.)

1107 — Les Deux voyageurs dans le bois (B. 33). — La
Femme sur le petit pont de bois (34). — Les deux
pâtres au pied de l'arbre (37). 3 pièces.
Très-belles épreuves du 1er état.

1108 — Les Deux chemins au ruisseau (B. 89). — Le Village sur la colline (B. 92). 2 pièces.
Très-belles épreuves du 1er état.

WATERLOO (A.)

1109 — La Ferme au bord de l'eau (B. 116).
Superbe épreuve avant divers travaux

WATTEAU (A.)

1110 — Figures de modes (R. D. 1. 2. 4. 6. 7.). 6 pièces, le n° 2 est double.
Très-belles épreuves.

1111 — La Troupe italienne (R. D. 8).
Très-belle épreuve du 1er état de la planche terminée, avec l'adresse de Sirois.

1112 — Paysage en largeur, gravé à l'eau-forte. Figures de différents caractères. 3 pièces.
Très-belles épreuves, la première est avant le numéro.

WATTEAU (A.), D'après

1113 — Le Bosquet de Bacchus, par C. N. Cochin.
Très-belle épreuve,

WESTERHOUT (A. Van)

1114 — Portrait de Pierre-Thomas Sanchez, religieux.
Très-belle épreuve.

WHITTE (G.)

1115 — Portrait de Pierre Vanderbank, graveur. Portrait gravé en manière noire.
Très-belle épreuve.

WIERIX (Antoine)

1116 — Le vénérable Alphonse Rodrigues de la société de Jésus. 2 portraits du même personnage.
Très-belles épreuves.

WIERIX (J.)

1117 — Portrait de Jean Stradan, peintre de Bruges.
Superbe épreuve.

WIERIX (J.)

1118 — Portrait d'Albert, archiduc d'Autriche, et d'Isabelle-Claire-Eugénie d'Autriche. 2 portraits faisant pendant.
Superbes épreuves.

1119 — Sujets religieux (3 pièces).
Très-belles épreuves.

WILLE (J.-G.)

1120 — Le Maréchal-des-logis, d'après P. A. Wille.
Superbe épreuve dv 1er état avant la lettre la bordure et les armes.

1121 — La Mort de Marc-Antoine, d'après Pompeo Battoni.
Superbe épreuve avant la lettre.

1122 — Paysages divers tirés d'une suite intitulée : Variétés de gravures, etc. 4 pièces.
Très-belles épreuves.

WILLE (P.-A.)

1123 — Essais de têtes de différentes grosseurs et de divers caractères (P. de B. 2). — La Lecture de la lettre (4). 2 pièces.
Très-belles épreuves. Rares.

WYCK (Th.)

1124 — La Couseuse (B. 3).
Très-belle épreuve.

ZEEMAN (R.)

1125 — L'Air (B. 19). — La Terre (B. 20). — L'Eau (B. 21). 3 pièces.
Très-belles épreuves.

ZIARNKO (J.)

1126 — Ordre et séance de l'Assemblée des notables
tenue à Rouen au mois de décembre 1617.
Très-belle épreuve. La légende explicative qui doit l'accompagner
nous manque.

LIVRES A FIGURES

ET SUR LES ARTS

1127. Quadrins historiques de la Bible. A Lyon, par Jean
de Tournes, 1553. 1 vol. in-8, mar. vert. Figures gravées sur bois, par Bernard Salomon, dit le petit Bernard.
Le titre est refait à la plume.

1128. La Vita et Metamorphoseo d'Ovidio, figurato et
abbreviato in forma d'epigrammi da Gabr. Simeoni.
Lione, Giov. di Tornes, 1559. 1 vol. in-8, veau vert.
Figures et bordures gravées sur bois par B. Salomon.

1129. Emblèmes ou devises chrestiennes, composées par
damoiselle Georgette de Montenay. A Lyon par Jean
Marcorelle, 1571. 1 vol. in-4 v. Figures de Wœriot.
Très-bel exemplaire contenant le portrait de Georgette
de Montenay, du 1er état. Rare.

1130. CAUVET. Recueil d'ornements à l'usage des jeunes
artistes qui se destinent à la décoration des bâtiments,
dédié à Monsieur, par G. P. Cauvet, sculpteur de S. A. R.
A Paris, chez l'auteur, rue de Sève près celle du Bacq,
1777. Un vol. gr. in-fol., demi-rel. mar. r., contenant
96 planches sur 68 feuilles, titres compris. Superbe
exemplaire.

1131. DUCERCEAU ANDROUET. *Livre d'Architecture* contenant les plans et dessaings de cinquante bastimens tous différens. Paris, Benoît Prévost, 1559. (Texte latin.) — *Second livre d'Architecture,* contenant plusieurs et diverses ordonnances de cheminées, lucarnes, portes, fontaines, puis et pavillons. Paris, And. Wechel, 1561. — *Livre d'Architecture* de Jacques Androuet Ducerceau, auquel sont contenues diverses ordonnances de plants, élévations de bâtimens pour seigneurs, gentilshommes et autres qui voudront bastir aux champs. Paris, par J. Androuet Ducerceau, 1582. Ces trois parties forment 1 vol. in-fol., demi-rel., mar. vert. Magnifique exemplaire, très-rare à trouver dans une aussi belle condition.

1132. Ballet comique de la Reine, faict aux nopces de M. lé duc de Joyeuse et Mlle de Vaudemont sa sœur, par Baltasar de Beauioyeulx, valet de chambre du roy et de la royne. A Paris, par Adrian Le Roy, Robert Ballard et Mamert Patisson, imprimeurs du roy, 1582, avec privilége. 1 vol. in-4, veau, aux armes de la maison de Brancas. Rare.

1133. C'est l'ordre qui a été tenu à la nouvelle et joyeuse entrée que très-haut, très-excellent et très-puissant prince, le roy très-chrestien Henri 2e de ce nom, a faicte en sa bonne ville et cité de Paris, capitale de son royaume, le 16e jour de juin 1549. On le vend à Paris chez Jacques Roffet dict Le Faucheur, à la rue Gervais Laurés, à l'enseigne du Soufflet, près Sainte-Croix en la Cité. 1 vol. in-4, vélin, fig. Superbe exemplaire. Il manque à la page 29 la planche représentant l'entrée de la reine ; la planche représentant l'entrée du palais se trouve à la fin du volume.

1134. Le Triomphe d'Anvers fait en la susception du prince Philips, prince d'Espagne. 1 vol. in-fol. fig. sur bois, non relié.

1135. Lassus (Orlando de). Mélange d'Orlande de Lassus contenant plusieurs chansons, tant en vers latins qu'en rime française. A 4, 5, 6, 8, 10 parties. A Paris, par Adrian Le Roy et Robert Ballard, 1570, 1571. 3 parties en 1 vol. in-8 oblong, demi-rel. veau. Les titres et les lettres de ce livre sont ornés de gravures sur bois. Les deux premières feuilles sont un peu endommagées. Rare.

1136. L'Art universel des fortifications, par Silvère de Bitainvieu. 1 vol. in-4. veau, fig. de Le Pautre.

1137. Modelles artifices de feu et divers instrumens de guerre avec les moyés de s'en prevaloir, pour assiéger, battre, surprendre et défendre toutes les places utiles et nécessaires à tous ceux qui font profession des armes, par Joseph Boillot Langrois. A Chaumont en Bassig., chez Quentin Mareschal, imprimeur et libraire, 1598. 1 vol. in-4, demi-rel. v. fig.

1138. Baudelot. Feste d'Athènes representée sur une cornaline antique du cabinet du roy. Paris, chez Pierre Cot, 1712. 1 vol, in-4, demi-rel., fig.

1139. *Watelet*. L'Art de peindre. Poëme. Paris, H. L. Guerin et L. F. Delatour, 1760. 1 vol. in-8, v. figures.

1140 *Bassi*. In materia d'architettura et perspettiva, con pareri di eccellenti et famosi architetti, che li risoluono, di Martino Bassi, Milanese, in pressa. F. et P. M. Marchetti fratelli 1572. 1 vol. in 4. demi-rel.

1141. Le Jubilé de l'an 1700, publié par la bulle d'Innocent XII, du 28 mars 1599. Amsterdam, Nicolas Chevalier, 1701. 1 vol. in-4, demi-rel. veau, figures.

1142. Panégyrique de sainte Thérèse, prononcée devant la reine en l'église des Carmélites de la rue du Boulloy. Paris, J.-B. Cognard, 1778. 1 vol. in-4, demi-rel. veau, fig. par Mellan.

1143. Advis fidèle aux véritables Hollandais touchant ce qui s'est passé dans les villages de Bodegrave et Swammerdam et les cruautés inouïes que les Français y ont exercées. 1 vol. in-4, veau, fig. de Romyn de Hoodge.

1144. Les Amours pastorales de Daphnis et Chloe, traduites du grec de Longus par Amyot; édition ornée de gravures d'après les dessins de Prud'hon et Gérard. Epreuves avant la lettre. Paris, P. Didot, l'aîné, 1800, an VIII. 1 vol. in-fol. Broché.

1145. Nella Venuta in Roma di madama Le Comte et dei Signori Watelet, E. Copette. Componimenti poetici di Luigi Subleyras P.-A. colle figure in rame di Stefano della Vallée Poussin, pensionario di S. M. Cristianissima. Roma, 1764. 1 vol. in-fol., demi-rel. mar. vert.

1146. Lyceum Patavinum, sine Icones et vitæ professorum Patavii, MDCLXXXII, publice docentium. Pars Prior : theologos, philosophos et medicos complectens. Per Carolum Patinum, Eq. D. M. doctorem medicum Parisiensem, primarium chirurgiæ professorum. Patavii, 1582. 1 vol. in-4, veau, fig. et portraits.

1147. École de cavalerie, contenant la connaissance, l'instruction et la conservation du cheval, par M. de La Guerinière, écuyer du roi. Paris, 1734-1736. 2 vol. in-8, veau, fig.

1148. Histoire et abrégé de la vie de saint Hubert. Paris, 1678. 1 vol. in-8, veau. Il porte sur le titre la signature de P. Mariette 1694.

1149. Storia genuina del cenacolo insigne dipinto da Leonardo da Vinci nel refettorio dé Padri Domenicani di Sancta-Maria delle Grazie di Milano del Padre Maesta. Milano, 1794. 1 vol. in-8, veau.

1150. Materiali per servire alla storia dell' origine e de' progressi dell'incisione in rome e in segna e sposizione dell'interessante scoperta d'una stampa originale del celebre *Maso Finiguera*, fatta nel Gabinetto Nazionale di Parigi da D. Pietro Zani Fidento. Parma, 1802. 1 vol. in-8, veau, fig.

1151. Explication des tableaux de la galerie de Versailles et de ses deux salons. A Versailles, 1687. 1 vol. in-4, demi-rel. v.

1152. Notice sur Gérard Audran, par V. Denon. 1 vol. in-fol. fig.

1153. Iconographie des estampes à sujets galants et des portraits des femmes les plus célèbres par leur beauté, par le C. d'I***. Genève, 1868. 1 vol. in-8. Broché.

1154. Sentiments des plus habiles peintres sur la pratique de la peinture, mis en tables de préceptes, par Henri Testelin, peintre du roi. Paris, 1646. 1 vol. in-fol., veau fig.

1155. Idée générale d'une collection d'estampes, avec une dissertation sur l'origine de la gravure, par Heinecken. Leipzig et Vienne 1771. 1 vol. in-8, veau, fig.

1156. Réflexions sur la peinture et la gravure accompagnées d'une courte dissertation sur le commerce de la curiosité, par C.-F. Joullain aîné. Metz, 1786. 1 vol. in-12, demi-rel.

1157. Notice des estampes exposées à la Bibliothèque du roi. Paris, 1819. 1 vol. in-8, demi-rel. veau.

1158. Les Graveurs troyens. Recherches sur leur vie et leurs œuvres avec fac-simile, par Corrard de Breban. Troyes, 1868. 1 vol. in-8. Broché.

1159. Les Monuments de l'histoire de France. Paris, J.-F. Delion, 1856-1863. 10 vol. in-8. Brochés.

1160. Sentimens sur la distinction des diverses manières de peinture, dessin et gravure par A. Bosse. 1 vol. in-12, fig.

Traicté des manières de graver en taille douce sur l'airain, par A. Bosse. 1 vol. in-8, demi-rel., veau, fig.

1161. Examen historique et critique des tableaux exposés provisoirement, venant des premiers envois de Milan, Crémone, Parme, Plaisance, etc., par J.-B.-P. Lebrun. Paris, Desenne. 1 vol. in-8 cartonné.

1162. Lettre sur l'exposition des ouvrages de peinture, sculpture de l'année 1747, par l'abbé Le Blanc. 1 vol. in-12, demi-rel. veau.

1163. St-Ives. Observations sur les arts, 1748. 1 vol. in-12. Veau.

1164. Decamps et son œuvre avec des gravures en facsimile des planches originales des plus rares, par A. Moreau. 1 vol. in-8. Broché.

1165. Catalogue raisonné de toutes les estampes qui forment l'œuvre gravé d'Adrien Van Ostade, par L.-E. Faucheux. Paris, veuve J. Renouard, 1862. 1 vol. in-8. Broché.

1166. Catalogue raisonné de l'œuvre de Claude Mellan d'Abbeville, par Anatole de Montaiglon. Abbeville, 1856, 1 vol. in-8. Broché.

1167. La vie et les œuvres de Jean-Baptiste Pigalle, sculpteur, par P. Tarbé. Paris, veuve J. Renouard, 1859. 1 vol. in-8. Broché.

1168. Les Beaux-arts à l'Exposition universelle de 1855, par Maxime Du Camp. Paris, 1855. 1 vol. in-8. Broché.

1169. Histoire artistique et archéologique de la gravure en France, par Alf. Bonnardot. Paris, 1849. 1 vol. in-8, demi-rel., veau vert.

1170. Mémoires inédits sur la vie et les ouvrages des membres de l'Académie royale de peinture et de sculpture, publiés d'après les manuscrits conservés à l'École impériale des Beaux-Arts, par MM. Dussieux, Soulié, de Chennevières, Paul Mantz, A. de Montaiglon. Paris, 1854. 2 vol. in-8. Brochés.

1171. Eloge historique de Callot, par F. Huisson, religieux cordelier. Bruxelles, 1766. 1 vol. in-8, veau.

1172. Essai de bibliographie contenant l'indication des ouvrages relatifs à l'histoire de la gravure et des graveurs par Georges Duplessis. Paris, Rapilly, 1862. 1 vol. in-8. Broché.

1173. Essai d'une bibliographie générale des beaux-arts, par Georges Duplessis. Paris, Rapilly, 1866. 1 vol. in-8. Broché.

1174. Notice des estampes exposées à la Bibliothèque royale, par Duchesne aîné. Paris, 1837. 1 vol. in-8, demi-rel., veau.

1175. Cabinet des singularitez d'architecture, peinture, sculpture et gravure, par Florent Le Comte. Bruxelles, 1702. 3 vol. in-12 vélin, fig.

1176. Catalogue historique du cabinet de peinture et sculpture française de M. de Lalive. Paris, 1764. 1 vol. petit in-4, demi-rel. avec portrait.

1177. Catalogue du cabinet de M. le comte V. Potocki, par F.-S. Regnault Delalande. Paris, 1820. — Catalogue du cabinet de feu M. le baron V. Denon, par Duchesne aîné. Paris, 1826. 1 vol. in-8, demi-rel.

1178. Catalogue raisonné du cabinet de feu Pierre-François Basan père, par L.-F. Regnault. 1 vol. in-8. Broché.

1179. Musée Napoléon. Catalogue des tableaux, antiquités, etc. 4 vol. in-8. Cartonnés.

1180. Catalogues Alibert. — Rossi, de Marseille et autres. 1 vol. in-8, demi-rel.

1181. Recherches sur le peintre Lantara, par E. de la Chavignerie. — Recherches sur la vie et les ouvrages de Claude Deruet, par E. Meaume. — Catalogue de l'œuvre de Léonard de Vinci, par le Dr Rigolot. — Appendice à l'ouvrage intitulé : Histoire de la vie et des ouvrages de Raphaël, par Quatremère de Quincy. 4 vol. in-8. Brochés.

1182. Catalogue de livres d'estampes et de figures, fait à Paris, en 1672, par de Marolles, abbé de Villeloin. Paris, Langlois, 1672, pet. in-12, veau. Très-rare.

1183. Catalogue de livres d'estampes et de figures, fait à Paris, en 1666, par de Marolles, abbé de Villeloin. Paris, F. Léonard, 1666, petit in-8, veau.

1184. Catalogue raisonné de différents objets de curiosité dans les sciences et arts qui composaient le cabinet de feu M. Mariette, par F. Basan, graveur. Paris, 1775. 1 vol. in-8, veau. fig.

1185. Catalogue raisonné de l'œuvre de Sébastien Le Clerc, par Ch. Antoine Jombert. Paris, 1774. 2 vol. in-8. veau, fig.

1186. Dictionnaire des graveurs anciens et modernes, depuis l'origine de la gravure, par F. Basan, graveur. Paris, 1789. 2 vol. in-8, veau, fig.

1187. Catalogue des estampes gravées, d'après P.-P. Rubens, par F. Basan. Paris, 1767. 1 vol. in-8, veau.

1188. Essai d'un catalogue de l'œuvre d'Etienne de La Belle, par Ch.-A. Jombert. Paris, 1772. 1 vol. in-8, veau.

1189. Manuel de l'amateur d'estampes, faisant suite au manuel du Libraire, par F.-E. Joubert père. Paris, 1824. 3 vol. in-8, demi-rel., v.

1190 Catalogue raisonné de toutes les estampes qui forment les œuvres gravés d'Etienne Ficquet, Pierre Savart, J.-B. de Grateloup et J.-P-S. de Grateloup, par L.-E. Faucheux. Paris, veuve J. Renouard, 1864. 1 vol. in-8. Broché.

1191. Manuel des amateurs d'estampes, par J. C. L. M. Paris, 1821. 1 vol. in-12, demi-rel. veau.

1192. Manuel de l'amateur d'estampes, par Ch. Le Blanc. Paris, 1854-1857. 2 vol. in-8, demi-rel. veau, plus une livraison brochée.

1193. Recherches sur la vie et les ouvrages de Jacques Callot, par Edouard Meaume. Paris, veuve Jules Renouard, 1860. 2 vol. in-8, demi-rel. mar. ronge.

1194. Le Peintre graveur français, par A.-P.-F. Robert-Dumesnil. 8 tomes en 4 vol. demi-rel. veau; les tomes 9 et 10 brochés.

1195. Le Peintre-graveur, par J.-D. Passavant. Leipzig, H. Weigel, 1860-1864. 6 vol. in-8, brochés.

1196. Voyage d'un Iconophile, par Duchesne aîné. Paris, 1834. 1 vol. in-8, demi-rel. veau.

1197. Catalogue raisonné de toutes les estampes qui forment l'œuvre d'Israël Silvestre, précédé d'une notice sur sa vie par L.-E. Faucheux. Paris, veuve Jules Renouard, 1857. 1 vol. in-8, demi-rel. veau.

1198. Catalogue de l'œuvre de Ch. Nic. Cochin fils, par Ch. Ant. Jombert. Paris. 1770. 1 vol. in-8, veau.

1199. Le Trésor de la curiosité, par M. Charles Blanc, directeur des Beaux-Arts. Paris, veuve J. Renouard, 1857-1858. 2 vol. in-8, brochés.

1200. Catalogue raisonné de toutes les estampes qui forment l'œuvre de Rembrandt et ceux de ses principaux imitateurs, par Adam Bartsch. Vienne, 1797. 2 tom. en 1 vol. in-8, demi-rel. veau.

1201. Catalogue raisonné de toutes les estampes qui forment l'œuvre de Rembrandt, et des principales pièces de ses élèves, par le chevalier de Claussin. Paris, 1824. 1 vol. in-8, demi-rel., veau violet.

1202. Catalogue de l'œuvre de Ch. Jacque, par J.-J. Guiffrey, avec une eau-forte inédite. Paris, Mᴵˡᵉ Lemaire, 1866, 1 vol. in-8, broché.

1203. Notices sur quelques artistes Français, architectes, graveurs du XVIᵉ au XVIIIᵉ siècle, par H. Destailleur. Paris, Rapilly, 1863. 1 vol. in-8, broché.

1204. Principes abrégés de peinture, par M. Mich.-Fr. Dutens. Tours, 1779. 1 vol. in-8, demi-rel. veau.

1205. Catalogue raisonné d'objets d'arts du cabinet de feu M. de Silvestre, par Regnault-Delalande. Paris, 1810. 1 vol. in-8, demi-rel. veau.

1206. Catalogue raisonné du cabinet d'estampes de feu M. Brandes, secrétaire intime de la chancellerie royale de Hanovre, par Huber. Leipzig, C.-C. Rost, 1793-1794. 2 vol. in-8, demi-rel. mar. violet.

1207. Catalogue raisonné des cabinets Quentin de L'Orangère et du chevalier de La Roque, par Gersaint. Paris, 1736-1745. 3 vol. in-12, veau.

1208. Geoffroy Tory, peintre-graveur, premier imprimeur royal, par Aug. Bernard. — Catalogue des tableaux du comte d'Espinay. 2 vol. in-8, brochés.

1209. Catalogues des livres et estampes de M. Le Roux de Lincy. 1 vol. in-8, demi-rel. veau vert.

1210. Catalogue des estampes et dessins composant le cabinet de feu le chevalier J. Camberlyn. Paris. 1865. 1 vol. in-8, demi-rel. mar. vert.

1211. Catalogue de la collection d'estampes anciennes provenant du cabinet de M. H. de Lasalle. Paris, P. Defer, 1856. 1 vol. in-8, demi-rel. mar. vert.

1212. Catalogue raisonné d'une précieuse collection d'estampes du cabinet de feu Charles de Valois. Paris, 1801, 1 vol. in-8, cartonné.

1213. Catalogue raisonné des estampes du cabinet de M. le comte Rigal, par Regnault-Delalande. Paris, 1817. 1 vol. in-8, demi-rel. veau.

1214. Catalogue de la riche collection d'estampes et de dessins composant le cabinet de feu M. F. Van den Zande, par F. Guichardot. Paris, 1855. 1 vol, in-8 demi-rel., mar. vert.

1215. Catalogue des estampes des Écoles d'Italie et d'Espagne, et des dessins tant de ces Écoles que des Écoles germaniques, colligiés par A.-P.-F. Robert-Dumesnil. 1 vol. in-8, demi-rel.

1216. Catalogues publiés par Rochoux et Vignères en 1868, 1 vol. in-8, demi-rel.

1217. Catalogues publiés par Defer et Vignères en 1855-1856 et 1857. 2 vol. in-8, demi-rel.

1218. Catalogues publiés par Vignères et Clément en 1862, 1 vol. in-8, demi-rel.

1219. Catalogues publiés par M. Vignères en 1860-1871. 2 vol. in-8, demi-rel.

1220. Catalogues publiés par Vignères et Clément en 1866 et 1867. 2 vol. in-8, demi-rel.

1221. Catalogues publiés par M. Vigneres, en 1865. 1 vol. in-8, demi-rel.

1222. Catalogues publiés par Vignères, Rochoux et Clément en 1865. 1 vol. in-8, demi-rel.

1223. Catalogues d'estampes publiés par Vignères et Clément, en 1863. 1 vol. in-8, demi-rel.

1224. Catalogues du cabinet de MM. Prevost, Delbeck de Gand, Revil, etc. 1 vol. in-8, demi-rel.

1225. Catalogue de l'œuvre de J.-G. Wille, par Charles Leblanc, catalogues des estampes de J.-P. Norblin, et catalogues de ventes diverses. 1 vol. in-8, demi-rel.

1226. Catalogues R. Dumesnil-Debois, Faber, Notice sur Ant. Watteau, 1 vol. in-8, demi-rel.

1227. Catalogues Forster, Martelli, Devéria, R. Dumesnil, J. Bein, Gilbert, Erdeven et autres. 2 vol. in-8, demi-rel.

1228. Catalogue Combrousse, Laterrade et autres publiés par Vignères et Clément. 2 vol. in-8, demi-rel.

1229. Catalogues Lacombe, de Janzé, Mourian, de Ferol, chevalier A.-D. de Turin, Raffet, etc. 2 vol. in-8, demi-rel.

1230. Catalogues de M. Tiers, Desperet, marquis de B. de Florence, Harrach de Vienne, etc. 1 vol. in-8, demi-rel.

1231. Catalogues Norblin, de Vèse, Maurel, Robert Dumesnil, Gérard, Tardieu, H. Laurent, ordre des vacations de la vente Dubois, etc. La plupart des ventes faites par P. Defer. 2 vol. in-8, demi-rel.

1232. Catalogues Arozarena, Parguez, Van Os, Simon, Archinto de Milan, Lauzet et autres. 1 vol. in-8, demi-rel.

SUPPLÉMENT

LITHOGRAPHIES

CHARLET (Nicolas-Toussaint)

1233 — Napoléon au bivouac (catalogue Lacombe, 9. r.).

1234 — Napoléon à Iéna (10).

1235 — Colonne d'infanterie en marche (27).

1236 — Cuirassiers chargeant. (31. r.)

1237 — La Bienfaisance. L'Hospitalité (32. 33. r.). 2 pièces se faisant pendant.

1238 — La Bienvenue (35. r.).

1239 — Le Drapeau défendu (42. r.).

1240 — Les Maraudeurs (49. r. r.).

1241 — Gaspard l'avisé partant pour l'armée (65). — Ils s'en vont (62). 2 pièces.

1242 — Cuirassier français portant un drapeau (76. r.).

1243 — Le Menuet (77. r. r.).

1244 — L'Instruction militaire (83. r. r.).

1245 — Le Soldat musicien (84. r. r.).

1246 — Doucement, la mère Michel (101. r.). Lit. de Lasteyrie.

1247 — L'Intrépide Lefebre (102).

1248 — C'est mon père! c'est mon père! (103).

1249 — Siége de saint Jean d'Acre (109).

CHARLET (Nicolas-Toussaint)

1250 — Chasseur à cheval de la garde impériale (119. R.)
Très-belle épreuve.

1251 — Dragon d'élite, armée d'Espagne (155. r.). — Grenadier à pied de la vieille garde (156. R.) 2 pièces imprimées chez Delpech en 1819.
Superbes épreuves.

1252 — Suite de 30 pièces représentant des costumes de la garde impériale. Elles ont été imprimés chez Delpech, de juillet 1819 à mars 1820, cat. L. 157-186.
Très-belles épreuves. Le n° 29 manque.

1253 — Grenadier en campagne, Infanterie de ligne 1879. (189. r.). — Capitaine de voltigeurs (192. r.). — Voltigeur (193. r.). — Tambour maître (199. r. r.). 5 pièces dont 2 coloriées.

1254 — Infanterie légère française. Carabinier (204).

1255 — Triomphe de la religion. Impiété, 1810. Piété, 1820. (273-274). Épreuve où les deux sujets sont imprimés sur la même feuille.

1256 — J'obtiens de l'activité (275).

1257 — Il m'en reste encore un pour la Patrie (276).

1258 — Aux vieux Grognards, le Tailleur de pierre reconnaissant (277).

1259 — École du balayeur (279).

1260 — Voilà pourtant comme je serai dimanche (280).

1261 — Le Soleil luit pour tout le monde (290).

1262 — Je suis innocent! dit le conscrit. Par le flanc droit! répond le caporal (291).

1263 — Promenade à Belleville de Mme Durand, Coco, Fifine, Azor. Polichinelle et M. Durand. On aperçoit le petit cousin (295). — Papa, nanan !... Papa caca. Madame valse avec le cousin (296). 2 pièces.

CHARLET (Nicolas-Toussaint)

1264 — Le Laboureur nourrit le Soldat, le Soldat défend le Laboureur ! (298). Épreuve sur chine.

1265 — Ils sont les Enfants de la France (305).

1266 — Au commandement de halte. — Au commandement de pas d'observations (309 et 310). 2 pièces sur chine.

1267 — L'Allocution (28 juillet 1830) (333). Épreuve sur chine.

1268 — Le Tailleur de pierres (336).

1269 — 5 Mai ! La Prière du vieux soldat (358). — 15 Août ! nobles souvenirs (360). — 1840. Chacun chez soi !... chacun pour soi (353). 3 pièces.

1270 — L'Empereur et le Grenadier (405). Grande pièce à l'encre, au crayon et au lavis.

1271 — Lafont, rôle de Jean (première et deuxième parties) 452. r. r. r. Première épreuve portant en haut, à gauche, un griffonnement à l'encre, et la première pensée de la tête de Jean.

1272 — Croquis à la manière noire, dédiés à Béranger. Suite de 12 pièces cat. L. C. 966. 978. Très-belles épreuves sur chine.

1273 — Tremblez ennemis de la France (980). — Je crains la salle de police, etc. (981). — Le plus délicieux et le plus ailé des bizets, etc. 3 pièces, dont une sur chine.

1274 — Suite de dessins à la plume, à l'usage des élèves des écoles spéciales des Pont-et-Chaussées, de Metz, d'État-Major, Polytechnique, Militaire et autres, par Charlet, professeur de dessin à l'École polytechnique, 1839. 1 vol. in-fol. dem.-rel. veau.

CHARLET (Nicolas-Toussaint)

1275 — L'Empereur et la Garde impériale. 19 pièces sur chine.

1276 — Croquis à l'estompe et autres. 8 pièces.

CLERGET

1277 — Études de Paysages, vues de villes et autres. 12 pièces.

1278 — Croquis de Paysages dessinés d'après nature, par Hubert Clerget. 13 pièces, sur chine.

DREUX (Alfred de)

1279 — Croquis de Chevaux, calèches attelées, etc. 9 pièces.

ENFANTIN

1280 — Croquis progressifs de Paysage, d'après nature. 7 pièces sur chine.

GAVARNI (Sulpice, Chevalier, dit)

1281 — Études d'Enfants. Suite de 12 pièces.
Superbes épreuves.

1282 — Portrait en pied de Decamps.
Très-belle épreuve sur papier de Chine.

GERICAULT (J.-Th.)

1283 — Un Chariot chargé de soldat blessés, traîné par trois chevaux.
Très-belle épreuve. Elle a deux taches vers la droite. Rare.

1284 — Deux Chevaux de poste à la porte d'une écurie. — Cheval noir avec une couverture à carreaux, attaché dans une écurie. — Cheval hargneux muselé, attelé à une voiture de plâtrier. — Vieux cheval à la porte d'une auberge. 4 pièces.
Superbes épreuves rehaussées de blanc. Elles sont sans marge.

GRENIER (Fr. Saint-Martin)

1285 — Divers sujets, composés et dessinés sur pierre. 21 pièces sur papier teinté.

1286 — 3 pièces de la suite précédente, avant la lettre et la bordure, sur chine.

HUBERT.

1287 — Études de Paysages. 4 pièces.

MOREAU (D'après)

1288 — Ouverture des états généraux à Versailles, le 5 mai 1789. Épreuve avant la dédicace.

PRUD'HON (D'après)

1289 — 6 pièces, par J. Boilly et Aubry-Lecomte.

PROUT, HARDINGS et AUTRES (D'après)

1290 — Recueil renfermant : vues de Normandie, Nuremberg et autres pays. 48 pièces. Épreuves sur chine.

RAFFET

1291 — La grande Revue, l'une des pièces les plus belles du maître.
Très-belle épreuve.

1292 — Voyage en Russie. 15 pièces sur chine coupé au bord.

1293 — Le cri de Warterlo. — Le Défilé nocturne. — Apothéose de Napoléon. 3 pièces, fac-simile par Emile Bry.

VERNET (H.)

1294 — 74 pièces de son œuvre.
Très-belles épreuves dont quelques rares.

1295 — Vignettes et Portraits d'après Prud'hon, Morcau, Girod, etc.

1296 — Portraits et études de têtes. 4 pièces.

1297 — Les Articles omis au présent Catalogue.

RENOU et MAULDE, imprimeurs de la Compagnie des Commissaires-Priseurs, rue de Rivoli, 144.   17442